西郷南洲遺訓

致知出版社

「いつか読んでみたかった日本の名著シリーズ」刊行にあたって

世に名著と呼ばれる本があります。その名前を聞けば誰もが知っていて、内容も何となく聞きかじっている。しかし、「いつか読んでみよう」と思いつつも読むチャンスがない。あるいは、読み始めてみたものの想像以上に難しくて途中で投げ出してしまった……。そんな経験のある人は少なくないかもしれません。

本シリーズは、そうした〝読みたかったけれど読んだことのない〟日本の名著を気軽にお読みいただくために企画されました。いわゆる〝超訳〟ではなく、原文を忠実に訳しながらも可能な限りわかりやすい現代語に置き換えているため、大人はもちろん、中高生でも十分に読破《どくは》できます。また、それぞれの本には読了《どくりょう》のために必要な目安時間も示しています。

ぜひ本シリーズで、一度は読んでみたかった日本の名著の醍醐味《だいごみ》を存分にご堪能《たんのう》ください。

『西郷南洲遺訓』の成り立ち

明治維新の立て役者、西郷隆盛（一八二八～一八七七年）の号は南洲《なんしゅう》といいます。『西郷南洲遺訓』は、その西郷に庄内《しょうない》藩（荘内、現在の山形県庄内地方）の藩士らが弟子入りして肉声を聴き、教えを書き記した本です。西郷の出身地薩摩《さつま》藩ではなく、幕府軍として敵対して戦った人々がこの本をつくったというのが特筆すべき点です。

幕末の慶応《けいおう》三（一八六七）年、幕府から江戸市中の警備を任じられていた庄内藩は、薩摩藩士らが治安攪乱《かくらん》を行っていた事態に業を煮やし、薩摩藩邸《てい》を焼き討ちしました（薩摩藩邸焼き討ち事件）。

年が明けて鳥羽伏見《とばふしみ》の戦いが始まり、戊辰《ぼしん》戦争に突入。江戸城は西郷と勝海舟《かつかいしゅう》の直《じか》談判《だんぱん》によって無血開城となりましたが、東北諸藩は抗戦し、庄内藩も新政府軍と戦いました。最終的に降伏した庄内藩は、薩摩藩邸焼き討ち事件や東北戦争での抗戦を咎《とが》められ「厳しい処分が下される」と予想します。ところが、予想外の寛大な処置を受け、新政府軍の薩摩藩士らは礼節をわきまえた態度を取り、勝者のおごりや敗者への侮蔑《ぶべつ》など微塵《みじん》も見せず、庄内の人々は心を動かされたといいます。この処置が西郷の指示だったことが知られ、その至誠や武士道を重んじる態度に対して、尊敬と感謝の念が広まっていきました。

明治三（一八七〇）年、庄内藩主・酒井忠篤《さかいただずみ》と家臣の藩士ら七十人余りが、西郷を訪ねて鹿児島に赴《おもむ》き、三カ月も滞在しました。庄内から薩摩への「留学」と言える出来事で、以来西郷が政界引退した後も元庄内藩士らは脈々と交流を続けます。

西南戦争で西郷が賊名《ぞくめい》を負って死んだ後も遺徳《いとく》をしのび続け、明治二十二（一八八九）年、名誉回復とともに東京・上野に銅像が建てられる運びとなった際、元庄内藩士の菅実秀《すげさねひで》（臥牛《がぎゅう》先生、のち荘内銀行の前身を設立）らが中心となって遺訓編纂《へんさん》に取り組みました。

本編は四十一項目と追加二項目から成り、明治期に発刊されてから現在まで何度となく複製本や解説本が出版され、書名も『大西郷遺訓』『南洲翁遺訓』などさまざまあります。また今日でも庄内地方の人々は変わらず西郷を敬い、その教えを伝える活動を連綿《れんめん》と続けています。

原文の底本は『南洲翁遺訓』三矢藤太郎《みつやとうたろう》編（一八九〇年発行）を使用し、安江國太郎《やすえくにたろう》編（一八九三年発行）と岩波文庫版（一九三九年第一刷）などを参考とした。初版の三矢本は四十一項目であったが、その後、「問答」「補遺《ほい》」が収められており、重複などを省いた。なお漢字は簡易、通用する字体を用い、仮名は平仮名にして現代仮名遣いに改めている。

西郷南洲遺訓／目次

装　　幀――轡田昭彦
　　　　　　坪井朋子
編集協力――柏木孝之
シリーズ
企　　画――アップルシード・
　　　　　　エージェンシー
http://appleseed.co.jp/

西郷南洲遺訓

一――上に立つ者の心構え

政府の閣僚《かくりょう》となって国の政治を行うのは、天地自然（あるがまま）の道理を行うのと等しいものだから、少しでも私利私欲を出してはならない。どんなことがあっても心を公平にして、正しい道を選び、広く賢明な人材を選んで、その職務を忠実に実行できる人に政権を執《と》らせることこそ、天意（天の決めたこと）である。

だから、本当に賢明で適任だと認める人がいたら、すぐにでも自分の職を譲《ゆず》る覚悟でなくてはならない。過去にどんなに国に功績《こうせき》があっても、その職務に適任でない人を重要な官職《かんしょく》（ポスト）に就《つ》けておくというのは、最もやってはいけないことだ。

重要な官職は、その人の資質、能力をよく選んで授けるべきで、功績があった人には給料やご褒美《ほうび》を与えて報い、感謝するのがよいと思う。

そう南洲翁（西郷隆盛）がおっしゃるので、それでは尚書《しょうしょ》（中国の最も古い経典《けいてん》『書経《しょきょう》』）の中の官吏《かんり》任免の辞令書に「人徳の高いものには官位を与え、功績の多いものには褒賞《ほうしょう》を多くする」というのがあるが、この意味でしょうかと尋ねたところ、南洲翁は喜ばれ、「まったくその通りだ」と答えられた。

【原文】

廟堂《びょうどう》に立ちて大政を為《な》すは天道を行うものなれば、些《ち》とも私《し》を挟《はさ》みては済まぬもの也《なり》。いかにも心を公平に繰《あやつ》り、正道《せいどう》を踏み、広く賢人を撰挙《せんきょ》し、能《よ》くその職を任《た》ゆる人を挙げて政柄《せいへい》を執らしむるは即ち天意也。夫《そ》れゆえ真に賢人と認むる以上は、直ちに我が職を譲《ゆず》る程ならでは叶《かな》わぬものぞ。故《ゆえ》に、何程《なにほど》国家に勲労《くんろう》有るとも、その職に任えぬ人を官職を以《もっ》て賞するは善からぬことの第一也。

官はその人を撰《えら》びて之《これ》を授け、功有る者には俸禄《ほうろく》を以て賞し、これを愛し置くものぞと申さるるに付《つき》、然らば尚書仲虺之誥《しょうしょちゅうきのこう》に「徳懋《さか》んなるは官を懋んにし、功懋んなるは賞を懋んにする」と之れ有り、徳と官と相配し、功と賞と相対するは此の義にて候《そうら》いしや、と請問《せいもん》せしに、翁欣然《きんぜん》として、その通りぞと申されき。

【一言解説】

西郷隆盛は明治維新の元勲《げんくん》でありながら、当時から民衆にとっては親しみやすいヒーローでした（以下、解説では「西郷さん」で通させていただきます）。その西郷さんは、政治家や官僚の資質について「過去の実績・功績よりも、その能力と公平無私であることを条件に選ぶべき」と言っています。さらに「自分より優れた人物だと思う人がいたら、自分の就いている仕事をその人に譲ってしまうくらいでないと」とも。実際、西郷さんはそんな人物でした。

役職にまつわる有名な逸話《いつわ》が一つあります。

西郷さんが政府の重職を務めていた時のこと、つてを頼ってある男が面会を求めてきました。官職を紹介してほしいというので、西郷さんが「あなたは自分の給料にいくらほど望んでおられますか」と質問しました。すると、男は「金三十枚（江戸時代の通貨二分金《にぶきん》で）ほど」と答えたそうです。西郷さんはおもむろに懐《ふところ》から同額のお金を出し、黙ってそれを渡しました。男は恥じ入って、西郷邸を立ち去ったというのです。

官職には「人材」を選んで就ける、との言葉通り、その資質や能力を見極めるべきということの実践をしていた証左《しょうさ》です。

二――組織運営に必要なビジョン

賢い政治家や多くの官僚たちを一つにまとめ、政権が一つになって、国として安定した制度ができていなければ、たとえ人材を用い、発言できる場を開いて、多くの人の意見を取り入れたにしても、取捨選択《しゅしゃせんたく》の方針の判断基準がなく、仕事が雑になってしまうと成功するはずがない。

昨日出された命令が、今日またすぐに変更になるというようなこと（朝《ちょう》令暮改《れいぼかい》）ではだめだ。皆バラバラでまとまる事がなく、政治を行う方針が一つに決まっていないからである。

【原文】

賢人百官を総《す》べ政権一途《いっと》に帰し、一格の国体定制無ければ、縦令《たとい》人材を多用し、言路を開き、衆説《しゅうせつ》を容《い》るるとも、取捨方向無く、事業雑駁《ざっぱく》にして成功有べからず。昨日出でし命令の、今日忽《たちま》ち引き易《か》うると云《い》う様なるも、皆統轄《とうかつ》する所一《いち》ならずして、施政の方針一定せざるの致す所也《なり》。

【一言解説】

「朝令暮改することなかれ」は昔から言われていることですが、指導者らが定見もなく、右往左往する現代を見ると、古今東西で普遍的な指摘であるようです。大局観すなわち、政治を進める上での大きな方向性が決まっていなければならない、ということを西郷さんは指摘しているのです。

しっかりとした基本方針がなく、施策が「場当たり的」に決められていけば、どこかで矛盾《むじゅん》や破綻《はたん》が引き起こされます。大きな判断基準を最初に決めておくことが大切だと、西郷さんは言われているのでしょう。

三――政治の優先順位

政治の根本は、国民の教育を充実させて、国の自衛のために軍備を強化し、食糧自給のため農業を奨励《しょうれい》するという三つであろう。その他のさまざまな事業は、この三つの基本政策を助けるための手段である。

三つの中で、時の成り行きによってどれを先にし、どれを後にするかの順序はあろうが、この三本柱を後回しにして、他の政策を先にするというようなことがあってはならない。

【原文】

政《まつりごと》の大体《たいほん》は、文《ぶん》を興《おこ》し、武《ぶ》を振《ふる》い、農《のう》を励《はげ》ますの三つに在り。その他百般《ひゃっぱん》の事

務は皆此《こ》の三つの物を助《たすく》るの具也《なり》。

此の三つの物の中に於《お》いて、時に従い勢いに因《よ》り、施行先後の順序は有《あ》れど、此の三つの物を後にして、他を先にするは更《さら》に無し。

【一言解説】

政治の根本を「学問すなわち教育と、武力（軍備）と農業（第一次産業）の三つだ」と西郷さんは言っています。

武力というのはただ戦争をする軍備ということ以上に、有事の際に国を守ることを想定しています。現代の言葉に置き換えるならば、有事の危機管理能力と言えるかもしれません。

また、農業は国の根幹を支える食糧自給という意味でしょう。

商工業も、しっかりとした農業生産がなければ成り立たない、というのが西郷さんの考えだったのです。

四――私心を持ってはいけない

人の上に立つ者は、いつも身を慎《つつし》み、品行を正しくし、おごらず偉そうな態度をせず、節約に努め、それぞれの仕事に一所懸命に励んで、国民の手本となるべきだ。加えて、その仕事ぶりや生活ぶりを、納税する国民が「あんなに身を粉《こ》にして働いて」と気の毒に思うくらいにならなければ、施策や政府の命令はスムーズに行われないものだ。

ところが、明治政府の高官たちはどうだろうか。維新創業のはじめというのに、立派な家を建てて、高価な衣服を着て、美しい女性を愛人にし、自分の財産を殖《ふ》やすことばかりを考えている。これでは明治維新の本来の目的を遂《と》げることはできないだろう。

今となっては戊辰《ぼしん》の戦い（戊辰戦争）も、ただ私利私欲を肥《こ》やすためだったと批判され、世の中に対して、また戦没者に対しても本当に面目《めんぼく》ないことだ。（南洲翁は）そう言って、しきりに涙を流された。


【原文】

万民《ばんみん》の上に位する者、己を慎み、品行を正しくし、驕奢《きょうしゃ》を戒め、節倹《せっけん》を勉め、職事に勤労して、人民の標準となり、下民《かみん》その勤労を気の毒に思う様ならでは、政令は行われ難《がた》し。

然《しか》るに草創の始《はじめ》に立ちながら、家屋を飾り、衣服を文《いろど》り、美妾《びしょう》を抱え、蓄財《ちくざい》を謀《はか》りなば、維新の功業は遂げられ間敷《まじき》也。

今と成りては戊辰《ぼしん》の義戦も、偏《ひと》えに私を営みたる姿に成り行き、天下に対し戦死者に対して面目《めんぼく》なきぞとて、頻《しき》りに涙を催されける。

【一言解説】

西郷さんは命がけで明治維新を成し遂げた方です。

そして、自らつくり上げた新政府に対して責任感が人一倍ありましたから、理想を忘れて腐敗《ふはい》し、堕落《だらく》していく政府高官たちに向けては手厳しい批判をしています。

指導者の資質を問い、私利私欲を厳しく戒めると同時に、自分を犠牲《ぎせい》にしても民衆のために尽くすべきと説いているのです。

五――子孫に美田を買わず

ある時、南洲翁は以下の七言絶句《しちごんぜっく》の漢詩を示された。

「何度も何度もつらいことや苦しいことを経験した後、志というものは初めて固く定まるものである。

志を持った本当の男子は、玉となって砕《くだ》けることがあろうとも、瓦《かわら》を敷いた道を歩むように、ただ保身を図り無為《むい》に長生きすることを恥とする。

自分は残しておくべき家訓があるが、誰がそれを知っているであろう、いや知るまい。

それは、子孫のためによい田を買わない、ということだ」

もし、この自分で詠《よ》んだ漢詩の言葉に食い違うような事があったなら、「西郷は口で言うことと、実行することとが違うじゃないか」と見限ってもかまわない、と言われた。

【原文】

或《あ》る時、

幾歴辛酸志始堅
丈夫玉砕愧甎全
一家遺事人知否
不為児孫買美田

（幾たびか辛酸《しんさん》を歴《へ》て志始めて堅し
丈夫玉砕《ぎょくさい》すとも甎全《せんぜん》を恥ず

一家の遺事《いじ》人知るや否や
児孫《じそん》の為に美田《びでん》を買わず）

との七言絶句を示されて、若《も》し此の言に違いなば、西郷は言行反したるとて見限られよと申されける。

【一言解説】

西郷さんには著書が一つもありませんが、多くの漢詩を残しています。当時の偉人、志士の中では坂本龍馬《さかもとりょうま》（土佐藩士、脱藩し海援《かいえん》隊をつくる）は和歌が多いのに対して、西郷さんは漢詩がきわだっているのです。

ここで引かれている漢詩「偶成《ぐうせい》」は、後に多くの人の知るところとなりました。盟友《めいゆう》であった大久保利通《おおくぼとしみち》への手紙の中に、同志であった人たちが富を追い求め、堕落《だらく》している様子を批判して書いたものと言われています。

諺《ことわざ》の「子孫に美田を残さず」は、この詩の一行が広く知られ、人生訓にまでなりました。すなわち自分の子や孫のため、私腹を肥やして財産を残すべきではないという金言《きんげん》。西郷さんの生き方を象徴するフレーズと言えるでしょう。

タイトルの「偶成」とは、たまたま心に浮かんだ（詩）という意味ですが、思いつきというよりは日ごろから考えていたことを、この漢詩に託《たく》したということではないでしょうか。

六――一芸ある人材の活用法

人材を採用する時、君子（教養人、才能あふれる人物）と小人《しょうじん》（一般人、凡人）との区別を厳しくし、すべてに優れた人物を求めて小人を排除しすぎると、かえって問題を引き起こしてしまう。その理由はこの世が始まって以来、世の中で十人のうち七、八人までは普通の人であるから、よくこのような凡人の長所を取り入れ、これをそれぞれの役割に用いて、その優れたところ、才能や特技を十分発揮させることが重要である。

藤田東湖《ふじたとうこ》先生がおっしゃったことがある。

「小人ほど、細かな特技、一芸に秀でているところがあって仕事をさせるに便利であるから、その器量に応じて仕事をさせなければならない。だからといって、これを上司にして重要な職務に就かせると、必ず組織や国を滅ぼしてしまうようなことになりかねないから、決して上に立ててはならないものである」と。

【原文】

人材を採用するに、君子小人《しょうじん》の弁《べん》、酷に過ぐる時は、却《かえっ》て害を引起《ひきおこ》すもの也《なり》。その故《ゆえ》は、開闢《かいびゃく》以来、世上一般十に七八は小人なれば、能く小人の情を察し、その長所を取り、之を小職に用い、その材芸を尽さしむる也。東湖先生申されしは、「小人程芸有りて用便《ようべん》なれば、用いざればならぬもの也。去りとて、長官に居《す》え重職を授くれば、必ず邦家《ほうか》を覆《くつがえ》すものゆえ、決して上には立てられぬものぞ」と也。

【一言解説】

君子と小人は儒学の言葉ですが、君子を「教養のある人物」、小人を「一般人」と理解すべきでしょうか。

両者を分けるのは品格というべきものです。

藤田東湖（水戸藩士、一八〇六〜五五年。尊皇攘夷《そんのうじょうい》論者）は西郷さんが江戸詰《づ》めで島津斉彬《しまづなりあきら》公（薩摩藩主、幕末四賢侯《しけんこう》の一人）に仕えていたころ、水戸学派の学者で交流を持ち、その教えを受けて尊敬した方です。

東湖先生は幕末の安政《あんせい》二（一八五五）年、江戸を襲った大地震で崩れゆく屋敷の中で、老いた母親を助けようとして命を落としました。西郷さんは、その東湖先生の教えを生涯忘れず、明治維新後もこのようにお話しされたのです。

七――策略で手にした成功はもろい

ことの大小を問わず、いつも正しい道を選び、真心を尽くすべきで、その場しのぎで一時の策略を用いてはならない。

人は多くの場合、難しい状況に陥ると、その場その場で、何か策略を使ってうまくことを運ぶことができると思いがちだが、策略を用いたためにそのツケが生じ、得てして失敗するものだ。

正しい道を選び行う場合には、一見してずっと回り道をしているようだが、先に行けばかえって成功は早いものである。

【原文】

事大小と無く、正道を踏み至誠を推《お》し、一事の詐謀《さぼう》を用ゆべからず。

人、多くは事の指支《さしつか》ゆる時に臨《のぞ》み、作略《さりゃく》を用《もちい》て一旦その指支《さしつかえ》を通せば、跡《あと》は時宜《ぎ》次第工夫の出来る様に思えども、作略の煩《わざわ》い屹度《きっと》生じ事の必ず敗るるものぞ。

正道を以て之を行えば、目前には迂遠《うえん》なる様なれども、先に行けば成功は早きもの也。

【一言解説】

西郷さんは、その場しのぎの陰謀《いんぼう》や策略は必ず失敗すると説いています。愚直《ぐちょく》なまでに正道、自分が信じた道をまっすぐ行けと言われているようです。

西郷さんは実際、不器用なまでにまっすぐな人となりで、そのために島津久光《しまづひさみつ》（藩主島津斉彬の弟で、次代藩主・忠義《ただよし》の実父、国父と呼ばれた）には気に入られず、不遇な時代を経験するなど、「世渡り下手」なところがありました。

今日では、西郷さんが政略や陰謀をめぐらす小説やドラマも見受けられますが、史実に照らして見ていない誤解や脚色《きゃくしょく》が少なくありません。

後段で、西郷さんは戦時や非常事態での策略は肯定していますが、普段から策謀を弄《ろう》することを戒めています。

八——外国の猿真似をしてはならない

新しい国づくりに際し、広く諸外国の制度を取り入れ、文明開化を推し進めようとするならば、まずわが国の本分（特質）をよくわきまえ、道徳の教えをしっかりと強化して、そしてその後、ゆっくりと諸外国の長所を取り入れるべきである。

そうではなく、ただむやみに外国の真似《まね》をし、見習うならば、日本の国は弱体化し、日本人の美点が失われ道徳も乱れて、救いがたい状態になってしまう。

最終的には（アジアの諸国がそうなったように）国家の独立を失って、西欧列強の支配を受けることになってしまうだろう。

【原文】

広く各国の制度を採《と》り、開明《かいめい》に進まんとならば、先ず我国《わがくに》の本体を居《す》え、風教《ふうきょう》を張り、然《しか》して後徐《しず》かに彼の長所を斟酌《しんしゃく》するものぞ。否《しか》らずして猥《みだ》りに彼に倣《なら》いなば、国体は衰頽《すいたい》し、風教は萎靡《いび》して匡救《きょうきゅう》すべからず。終《つい》に彼の制を受くるに至らんとす。

【一言解説】

明治時代は文明開化の流れが急激で、西欧からの科学技術や思想のほか、衣服や生活スタイルなどまで、ありとあらゆることが「西欧ではそれが当たり前」として持ち込まれ、「西欧の真似をする」ことが時代の風潮《ふうちょう》として流行しました。

ですが、西郷さんは「日本人の美点を忘れてはいけない」と言っています。

開国自体、そして西欧のよい点を学ぶことを否定しているわけではありません。

西郷さんは海外の科学技術を学べと教えた島津《しまづ》斉彬《なりあきら》公に仕え、また維新後も西洋の思想書をたくさん取り寄せ、読んでいたことも知られています。

ただ、「日本人のアイデンティティーを失ってはいけない」と思っていたに違いありません。

九――人類に普遍の価値

よく国に仕えること、親を大事にすること、他人に対して恵み、慈《いつく》しむ心を若者に教えていく教育は政治の基本であり、未来永遠に全世界になくてはならない大事な道理だ。

道というものは天地自然のもの、あるがままのことであるから、洋の東西を問わず同じで、決して区別はないものである。

【原文】

忠孝仁愛教化の道は、政事《せいじ》の大本《たいほん》にして、万世に亘《わた》り、宇宙に弥《わた》り、易《か》う可《べ》からざるの要道也《ようどうなり》。

道は天地自然の物なれば、西洋と雖《いえど》も決して別無し。

【一言解説】

「忠」「孝」「仁」「愛」は儒教の徳目として、昔の日本では基本的な道徳でした。忠孝というと、古くさい感じがするかもしれませんが、忠は「君主、国に仕えること（忠誠）」、孝は親孝行でも分かるように、「親に尽くすこと」です。仁は「すべてのものに対する慈しみ（博愛）」、愛は「人を大切に思う情け（愛情）」ということ。

君主や国に尽くせ、というのは、いわば社会、公《おおやけ》に対して自分の責務を果たせ、という意味に置き換えてもいいでしょう。

西郷さんが言いたいのは、人にとって道徳、モラルの醸成《じょうせい》が普遍的に大切だということです。西洋人でも東洋人でも、モラルがなければ人間失格で、それを教えることが社会にとって大事だと伝えたいのです。

一〇――何のための文明開化か

人間の知恵を深め、技術や思想を発展させる、すなわち教育の根本的な目的は愛国の心、忠孝《ちゅうこう》の心を養うことである。国のために尽くし、家のために働くという、人としての道理が明らかであるならば、すべての事業は進歩するに違いない。

手っ取り早く分かりやすい分野を発展させようとして、電信《でんしん》を架《か》け（情報化）、鉄道を敷き（物流促進）、蒸気機関の機械をつくって（大量生産のための機械化）、人々の注目を集めて驚かすようなことをするけれども、どういう理由があって電信・鉄道がなくてはならないか。欠くことのできないものであるか、ということを理解していないのはよくない。

ただ外国の物質的な豊かさをうらやみ、それを取り入れることによって生じるよい点と悪い点を議論せずに、大きいものは家の構造などから、小さいものは子どものオモチャに至るまで一々外国の真似をしている。むやみに欧米のものをありがたがり、身分不相応に贅沢《ぜいたく》をして財産を浪費《ろうひ》するならば、国の力が疲弊《ひへい》し、人の心も軽々しく流され、結局日本は破綻《はたん》するよりほかないではないか。

【原文】

人智《じんち》を開発するとは、愛国忠孝《あいこくちゅうこう》の心を開く也《なり》。国に尽し、家に勤むるの道明《あきら》かならば、百般《ひゃっぱん》の事業は従《したがっ》て進歩すべし。或《ある》いは耳目《じもく》を開発せんとて電信を懸《か》け、鉄道を敷き、蒸気仕掛けの器械を造立《ぞうりつ》し、人の耳目《じもく》を聳動《しょうどう》すれども、何《な》に故《ゆえ》電信・鉄道の無くて叶わぬぞ。欠くべからざるものぞと云処《いうところ》に目を注がず、猥《みだ》りに外国の盛大を羨《うらや》み、利害得失を論ぜず、家屋の構造より玩弄物《がんろうぶつ》に至る迄《まで》、一々外国を仰ぎ、奢侈《しゃし》の風を長じ、財用を浪費《ろうひ》せば国力疲弊《ひへい》し、人心浮薄《ふはく》に流れ、結局日本身代《しんだい》限りの外有る間《ま》敷《じき》也。

【一言解説】

前の一節に続いて、社会に尽くすという道徳を強調しています。「愛国」という言葉はイデオロギー的なとらえ方をされるかもしれませんが、郷土を愛し、自分の生まれた国を愛するのは自然な感情ではないでしょうか。ここは先入観なしに、素朴《そぼく》な意味で愛郷心と理解してください。

また、同時に「西洋かぶれ」の文明開化の危険性をも指摘しています。産業の近代化などが急がれていた明治時代、「散切《ざんぎ》り頭を叩いてみれば、文明開化の音がする」と戯《ざ》れ歌（世評風刺のこっけいな歌）にもなっていました。散切り頭はちょんまげを落とした髪型です。

それが流行し、日本人の切り替えの速さ、ブームに乗る気分をよく表していると思いますが、表面的な流行に対し、西郷さんは嫌悪感と懸念《けねん》を示しています。

何が必要で、何が大切か、それを論じることなく、何でも無批判に右へならえで、西洋を真似ることの愚かさを指摘しているのです。

一一――真の文明とは何か

文明というのは倫理、道徳に基づいて物事が広く行われることをたたえる言葉であって、宮殿が大きく立派だとか、身にまとう着物が綺麗《きれい》だとか、見かけが華《はな》やかであるということではあるまい。

ところが、世の中の人の言うところを聞いていると、何をもって文明なのか、何をもって野蛮《やばん》としているか、少しも分からない。

以前、自分（南洲翁）はある人と議論したことがある。自分が「西洋は野蛮じゃ」と言ったところ、その人は「いや西洋は文明ですよ」と言い争う。「いや、いや、野蛮じゃ」とたたみかけて言ったところ、彼は「なぜそれほどまでに野蛮だと申されるのか」と不満気に言い返してきた。

そこで、「もし西洋が本当に文明の国々であったなら、開発途上の国に対して、慈しみ愛する心を基本にして、よくよく説明説得して、文明開化へと導くべきであるのに、そうではなく時代に遅れた国に対するほど、むごく残忍なことをし、これまでも自分たちの利益のみをむさぼってきたではないか。これは明らかに野蛮である」と言ったところ、その人もさすがに口をつぐんで返答できなかった。

そう（南洲翁は）笑って話された。

【原文】

文明とは道の普《あまね》く行わるるを賛称《さんしょう》せる言にして、宮室の壮厳《そうごん》、衣服の美麗《びれい》、外観の浮華《ふか》を言うには非《あら》ず、世人の唱《とな》うる所、何が文明やら何が野蛮やら些《ち》とも分《わか》らぬぞ。予嘗《よかつ》て成人と議論せしこと有り。

西洋は野蛮じゃと云《い》いしかば、否《い》な文明ぞと争う。否な否な野蛮じゃと畳《たた》みかけしに、何《なん》とて夫《そ》れ程に申すにや、と推《お》せしゆえ、実に文明ならば未開の国に対

しなば慈愛を本《もと》とし、懇々説諭《こんこんせつゆ》して開明《かいめい》に導くべきに、左は無くして未開蒙昧《もうまい》の国に対する程むごく残忍の事を致し、己れを利するは野蛮じゃと申せしかば、その人、口を莟《つぼ》めて言無かりき、とて笑われける。

【一言解説】

西洋礼賛《らいさん》の時代に、西郷さんは「植民地主義」の西欧列強《れっきょう》の本質をついた批判をしています。真の文明国とはどうあるべきか、ということも示しています。

当時、ヨーロッパ諸国やアメリカも自国の利益を追求し、アジアの国々に対して侵略、植民地化を推し進めていました。これへの警戒感が幕末明治の「攘夷《じょうい》思想」と底辺でつながっていたのです。西洋の科学技術や物質文明に学ぶべき点は学びながら、「何でもかんでも西洋化する」という姿勢に、西郷さんは「否《いな》」と唱えています。

この逸話《いつわ》の、西郷さんと議論した人物は誰だったのでしょうか。名前は明かされていませんが、もしかしたら同じく薩摩藩出身の森有礼《もりありのり》（初代文部大臣）ではなかったか、という推測が以前からあります。

森は幕末に派遣された「薩摩藩英国留学生」の一人で、明治になって欧米各国に駐在する外交官も務めた人物。特に「廃刀論」や「日本語廃止論」など極端な開化策を提言していました。森は当時の典型的な「西洋かぶれ」と見られていましたが、こんな議論を郷土の先輩、西郷さんとしたのかもしれません。

一二——配慮ある西洋の刑罰に学ぶ

西洋の刑法はもっぱら、罪を再び繰り返さないようにすることを根本の精神として、むごい扱いを避けて、人を善良に導くことを目的としている。だから獄中《ごくちゅう》の罪人であっても緩《ゆる》やかに取り扱い、教訓となる本などを与え、場合によっては親族や友人の面会も許すと聞いている。

もともと昔の聖人が、刑罰《けいばつ》というものを設けられたのも、忠孝仁愛《ちゅうこうじんあい》の心から孤独な人の身上をあわれみ、そういう人が罪をおかしてしまうのを深く心配されたからだ。

だが、実際の場で今の西洋のように配慮《はいりょ》が行き届いていたかどうか、（中国の）古い書物には見あたらない。西洋のこのような点は誠に文明だ、とつくづく感ずることである。

【原文】

西洋の刑法は専《もっぱ》ら懲戒《ちょうかい》を主として、苛酷《かこく》を戒《いまし》め、人を善良に導くに注意深し。故《ゆえ》に囚獄《しゅうごく》中の罪人をも、如何《いか》にも緩やかにして、鑑誡《かんかい》となるべき書籍を与え、事に因《よ》りては親族朋友《ほうゆう》の面会をも許すと聞けり。尤《もっと》も聖人の刑を設けられしも、忠孝仁愛の心より鰥寡《かんか》孤独を愍《あわれ》み、人の罪に陥《おち》いるを恤《うれ》い給《たま》いしは深けれども、実地手の届きたる今の西洋の如く有《あり》しにや、書籍の上には見え渡らず、実に文明じゃと感ずる也《なり》。

【一言解説】

前の節では「西洋は文明ではない」と批判しながら、今度は西洋で行われている囚人《しゅうじん》への対応には学ぶべき点があり、「まさに文明」と賞賛《しょうさん》しています。

こういう点からも、西郷さんが「単に西洋嫌いの愛国論者」ではないことが分かります。「罪を憎《にく》んで、人を憎まず」ということを言い、西欧の刑法に学ぶべきだと語っています。

実際、西郷さんは自分の信頼していた川路利良《かわじとしよし》（初代大警視＝現在の警視総監、薩摩藩出身）をフランスへ派遣し、警察制度や裁判、刑法などを学ばせているのです。

一三――税金は安く、民を豊かに

税金を少なくして国民生活を豊かにすることこそ、その国の力を高めることにつながる。だから国として取り組む事業が多く、財政不足で苦しむようなことがあっても、決まった制度をしっかり守って、むやみと租税《そぜい》の法制を変えたりしてはいけない。政府高官や富裕な人たちが損をしても、一般国民の人々を苦しめてはならない。

古来、歴史をよく見てみるがよい。人の正しい道、道理が通らない世の中にあって、財政の不足で苦しむ時は、必ずこざかしい考えの小役人を用いて、その場しのぎをする人などを、財政がよく分かる立派な官僚と思って扱ってしまう。

そういった小役人は手段を選ばず、無理やり国民から税金を取り立てるから、人々は苦しみ、堪《た》えかねて税の不当な取り立てから逃れようとしてしまい、嘘《うそ》いつわりを言うようになる。

そして、互いにだまし合い、役人と一般国民が敵対して、最終的には国が分裂、崩壊《ほうかい》するようになってしまうのではないか。

【原文】

租税《そぜい》を薄くして民を裕《ゆたか》にするは、即ち国力を養成する也《なり》。故に国家多端《たたん》にして財用《ざいよう》の足らざるを苦《くるし》むとも、租税の定制を確守し、上を損じて下を虐《しい》たげぬものも也。

能《よ》く古今《ここん》の事跡を見よ。道の明《あきら》かならざる世にして、財用の不足を苦む時は、必ず曲知《きょくち》小慧《しょうけい》の俗吏《ぞくり》を用い、巧みに聚斂《しゅうれん》して一時の欠乏《けつぼう》に給するを、理財《りざい》に長ぜる良臣《りょうしん》となし、手段を以て苛酷《かこく》に民を虐《しい》たげるゆえ、人民は苦悩に堪《た》え兼ね、聚斂を逃《のがれ》んと自然譎詐《きっさ》狡猾《こうかつ》に趣《おもむ》き、上下互いに欺《あざむ》き、官民敵讐《てきしゅう》と成り、終《つい》に分崩離《ぶんぽうり》拆《せき》に至るにあらずや。

【一言解説】

政府の財政が立ち行かなくなったから、と言って安易に増税する政策を、西郷さんは手厳しく批判しています。重税を課し、苛酷な税金徴収を行うことは、庶民の生活を脅《おびや》かすことで、逆に国民生活を豊かにすることこそ、国の政策の第一ではないか、と言っているのです。

税制論議はとかく「税金を使う人」すなわち政治家や官僚、公務員の論理で、何が不足している、何がいくら足りない、ということで論じられがちですが、西郷さんはまず「税金を納める人」の立場に立って、「租税はできるだけ軽くすべし」を基本にしなさいと説いているのです。

西郷さんほど「税金を取ること」「税金を使うこと」に対して細かい政治家、「納税者を第一に考える」政治家はいないと思います。

それは、若いころ、薩摩藩の下級役人（郡方書役助《こおりかたかきやくすけ》）として税取り立ての現場で働き、貧しい農家の実情をよく知っていたからにほかなりません。

だから、西郷さんは税金で高い給料を取って（また天下り先をつくって）私腹を肥やすような高官、政治家たちに我慢《がまん》がならず、そのくせ「予算が足りない」と税率を上げようとする姿が許せなかったのでしょう。

一四――会計の大原則

会計出納《すいとう》（金の出し入れ）は、すべての制度の基本であって、あらゆる事業はこれによって成り立ち、秩序ある国家を創る上で最重要事項であるから、慎重にしなければならない。

その基本を言うならば、収入の範囲内で、支出を抑えるという以外に手段はない。

全体の収入の範囲で事業を行うように制限して、会計の総責任者は一身をかけてこの制度を固く守り、定められた予算を超えないようにしなくてはならない。

もしそうでなく、その時々の事態に任せ、予算の枠を緩《ゆる》やかにし、（取り組む事業に合わせ）支出を優先して、それに合わせ予算を組んでしまえば、結局国民から重税を徴収《ちょうしゅう》するほかに方法はなくなるであろう。
そうなれば、たとえ事業は一時的に進むように見えても、国力が疲弊《ひへい》し、ついには破綻《はたん》、救いがたい事態を引き起こすことになろう。

【原文】

会計出納《すいとう》は、制度の由《よっ》て立つ所、百般《ひゃっぱん》の事業皆《み》な是《こ》れより生じ、経綸《けいりん》中の枢要《すうよう》なれば、慎《つつし》まずばならぬ也《なり》。

その大体を申さば、入《い》るを量りて出《いず》るを制するの外《ほか》、更に他の術数《じゅっすう》無し。一歳《いっさい》の入るを以て百般の制限を定め、会計を総理する者、身を以て制を守り、定制を超過せしむべからず。

否《しか》らずして時勢に制せられ、制限を慢《みだり》にし、出るを見て入るを計りなば、民の膏血《こうけつ》を絞るの外《ほか》有る間敷《まじき》也。然《しか》らば仮令《たとえ》事業は一旦進歩する如く見ゆるども、国力疲弊《ひへい》して救済すべからず。

【一言解説】

前の一節に続き、税金と国家予算について論じていますが、西郷さんは「歳入以上の支出を予定するな」と主張しています。これは当たり前のことなのですが、国の財政を考える上では、なかなか難しいことです。

現代のわが国、日本を考えればまさにその通り、こういった当然のことを守るのが不可能な状況です。

一方で「予算が足りない」と言い、その一方で「税金の無駄遣い」が指摘され、批判を受けるのです。

西郷さんの教えは、財務や予算編成を預かるリーダーたちに嚙《か》みしめてほしい一言です。

一五――軍備は無駄に拡大しないほうがよい

常備する軍隊の人数も、また会計予算の中で対処すべきである。決して際限なく軍備を増やし、兵力を増強して虚勢を張ってはならない。兵士の気力を奮《ふる》い立たせ、えりすぐった精鋭ばかりの軍隊をつくり上げれば、たとえ兵の数が少なくても、外交交渉の場においても、また外国の侵略を防ぐような有事の場合にも、軽く見られたり、あなどられたりするようなことはないであろう。

【原文】

常備の兵数も、亦《また》会計の制限に由《よ》る。

一五　軍備は無駄に拡大しないほうがよい

決して無限の虚勢を張るべからず。兵気《へいき》を鼓舞《こぶ》して精兵を仕立《したて》なば、兵数は寡《すくな》くとも、折衝禦侮《せっしょうぎょぶ》共に事欠く間敷也《まじきなり》。

【一言解説】

征韓論《せいかんろん》、すなわち韓国へ派兵するかどうかという問題で、明治政府内に対立が起こり（明治六年政変）、西郷さんは政府を辞め、鹿児島に帰ってしまいました。

この時、西郷さん自身は、「征韓論」ではなく「遣韓論《けんかんろん》」、すなわち、西郷さん自身が韓国へ行き、交渉するとの主張をしており、必ずしも軍隊を派遣しようとしていたわけではありません。

後で詳述しますが、こういった征韓論論争や西南戦争といったイメージが強いため、ともすると西郷さんは「軍備増強」を望んでいた「戦争好き」の軍国主義者のように思っている方もいますが、実は違うのです。

軍隊そのものを否定してはいませんが、「国防費は必要最小限にせよ」と主張し、その上で平時の外交交渉に生かし、もし有事となった際には自衛に努めるべきだと考えていたのです。

税金の使い道に大変厳しかった西郷さんは、軍備も特別扱いせず、そのルールの枠で行うべきだと言っています。

一六――道徳がなければ国を維持できない

節度を知り道義を守るモラル、恥を知る心を失うようなことがあれば、国家を維持することは決してできない。これは西洋各国でも皆同じであろう。

上に立つ者が下の者に対して、自分の利益のみ争い求め、人としての道を忘れてしまった時には、下の者もまた真似《まね》し、人の心は皆欲望だけを追い求めて金もうけに走り、いやしくけちな心が日に日に増してしまう。

道義を守って恥を知る心、慎《つつし》みを失って親子兄弟の間でも財産を争い、互いに敵視し、憎み合うようになってしまうのである。このようになったら何をもって国を維持することができようか。

徳川の時代（江戸時代）は、武士の勇猛《ゆうもう》な心を忘れさせ、それで世の中を治め、長い間天下泰平《たいへい》を実現したけれども、時代は変わった。

今は昔の戦国時代の武士よりもなお一層、勇猛心を奮い起こさなければ、世界のあらゆる国々と対峙《たいじ》することさえできはしない。

普仏《ふふつ》戦争（一八七〇～七一年、プロイセンを中心とするドイツ連邦とフランスとの戦争）の際、フランスが三十万の兵と三カ月の兵糧《ひょうろう》があったにもかかわらず、ろくに戦わずに降伏したという面目《めんぼく》のない話があるが、これはフランスの指導者らが、あまりに金銭のソロバン勘定《かんじょう》ができ、「自分の命と財産を守る」ことばかり考えたのが理由である、と言って（南洲翁は）笑われた。

【原文】

節義廉恥《せつぎれんち》を失《うしな》て、国を維持するの道決して有らず。西洋各国同然なり。

上に立つ者、下に臨《のぞみ》て、利を争い義を忘るる時は、下皆《み》な之《これ》に倣《なら》い、人心忽《たちま》ち財利に趨《はし》り、卑吝《ひりん》の情日々長じ、節義廉恥の志操《しそう》を失い、父子兄弟《ふしけいてい》の間も銭財《せんざい》を

争い、相《あ》い讐視《しゅうし》するに至る也《なり》。此《かく》の如く成り行かば、何を以て国家を維持すべきぞ。

徳川氏は将士《しょうし》の猛《たけ》き心を殺《そ》ぎて世を治めしか共、今は昔時《せきじ》戦国の猛士《もうし》より猶《なお》一層猛き心を振い起さずば、万国対峙《たいじ》は成る間敷《まじき》也。普仏《ふふつ》の戦《いくさ》、仏国三十万の兵、三ケ月の糧食有《あり》て降伏せしは、余り算盤《そろばん》に精《くわ》しき故なりとて笑われき。

【一言解説】

国を守るのは道徳であり、節操《せっそう》や道義を守り、恥を知る心が大切だということです。西郷さんは常に、上に立つ者に厳しい自律、モラルを求めています。

英語ではノブレス・オブリージュ（もともとはフランス語、「高貴なるものは義務を負う」の意）とも言いますが、洋の東西を問わず「社会を指導する立場の人物は、率先垂範《そっせんすいはん》すべき」という考えです。

普仏戦争には薩摩藩士でフランス留学していた前田正名《まえだまさな》（のち農商務次官、農業振興に貢献する）らが参加し、パリ籠城《ろうじょう》を経験していました。村田新八《むらたしんぱち》（薩摩藩士、のち西郷とともに下野、薩軍二番大隊長）がその後、パリで前田と交流を深めていますので、村田を通じて聞いていたのでしょう。

最終的に食糧が欠乏《けつぼう》し兵士の士気も低く、もろくも陥落《かんらく》した事態にあきれている様子で、西郷さんが欧州情勢にも詳しかったことがうかがえます。

一七――外交を行う時の覚悟

　人として正しい道を歩み、正義を貫くべきで、国を賭《か》けて倒れても、これを貫くという信念、覚悟がないと、外交関係もこれを全《まっと》うすることはできない。

　他国の強大なことに萎縮《いしゅく》し、ただ円満にことを収めること、その場をまるく収めることばかりを考えて、自国の主張を曲げてまで、外国の言うがままに従うことは、かえって軽蔑《けいべつ》を受け、良好な友好関係を壊してしまいかねず、しまいには相手国に支配されるに至るであろう。

【原文】

正道を踏み国を以て斃《たお》るるの精神無くば、外国交際は全《まった》かるべからず。彼《か》の強大に畏縮《いしゅく》し、円滑《えんかつ》を主として、曲げて彼の意に順従《じゅんじゅう》する時は、軽侮《けいぶ》を招き、好親却《こうしんかえっ》て破れ、終《つい》に彼の制を受《う》くるに至らん。

【一言解説】

しばしば西郷さんは、国としての政治指針を一個人としての生き方の指針になぞらえます。

ここでは、国と国との外交交渉も、もとを正せば、人と人との交渉であり、同じく論じていますが、ここには西郷さんの貴重な経験、例えば、勝海舟《かつかいしゅう》（幕臣）との江戸城開城に際しての交渉の経験や、薩長同盟の交渉経験などが、その基礎にあるように思われます。

西郷さんは、国の命運を決めるような交渉の経験が豊富にあり、敵対する立場の相手と難しい駆け引きをしてきました。

そんな場合に、何よりしっかりとしたポリシーを持ち、「最悪の事態も辞さず」との覚悟をもって臨むべき、ということを経験として語っているのです。

一八——政府が務めるべき役割とは

話が国のことに及んだ時、（南洲翁が）大変に嘆《なげ》いて言われた。

外国から国の名誉がはずかしめを受けるようなことがあったら、「国が倒れてもよい」というような覚悟で、道理を守り正義を貫くのが政府の責務である。

それなのに、普段は金銭、農政、財政のことを議論するのを聞いていると、「なんという英雄、豪傑《ごうけつ》なのか」と思われるような人物が、実際に血の流れるような事態に臨むと、皆で頭を寄せ集め、こそこそと話し、ほんの目先の気休め、安全を確保することしか考えず、その場しのぎに懸命《けんめい》になるばかりだ。

「戦」の一字を恐れるあまり、政府の責務を果たさず、国の名誉をおとしめるようなことがあったら、これはもう「商法支配所《しょうほうしはいじょ》」（経済監督所）とでもいうような存在で、とても政府とは呼べない。

【原文】

談、国事に及びし時、慨然《がいぜん》として申されけるは、国の凌辱《りょうじょく》せらるるに当りては、縦令《たとえ》国を以て斃《たお》るる共《とも》正道を践《ふ》み、義を尽すは政府の本務也《ほんむなり》。然《しか》るに平日金穀理財《きんこくりざい》の事を議するを聞けば、如何《いか》なる英雄豪傑《ごうけつ》かと見ゆれ共《ども》、血の出る事に臨めば、頭を一処《いっしょ》に集め、唯《ただ》目前の苟安《こうあん》を謀《はか》るのみ、戦《いくさ》の一字を恐れ、政府の本務を墜《おと》しなば、商法支配所と申すものにて、更に政府には非《あら》ざる也。

【一言解説】

前の一節と同様に、有事の際の外交交渉について論じています。この言葉は、西郷さんのことを誤解させる方向でのちのち働いたように思われます。

西郷さんは「戦を恐れるあまり、政府の本分を果たさないこと」を批判し、ことなかれ主義を非難しているのであって、「戦争そのものを仕掛けろ」とは言っていません。

この逸話《いつわ》は明治六年政変の後、西郷さんが下野《げや》し鹿児島に帰った際、元庄内藩士が訪れて聞いた話だということが分かっています。

西郷さんはいきなり海外派兵することには反対で、「自分が使節（交渉のための）として朝鮮に行こう」と言って、派遣の閣議決定をしていました。それが、大久保利通《おおくぼとしみち》、岩倉具視《いわくらともみ》、三条実美《さんじょうさねとみ》らによって、ひっくり返されてしまったのです。

それまでの数々の交渉、国の未来を決めるような修羅場《しゅらば》を乗り越えてきた経験から、この派遣も「戦争にせず、話し合いで収める」という自信があったようです。

結局、西郷さんは誤解されたまま、西南戦争で亡くなってしまいましたが、もし朝鮮へ政府使節として行き交渉にあたっていたら、歴史はどう変わっていたか分かりません。

一九——己を「足りない」と思う

昔から、主君と臣下がそれぞれに「自分は完全だ、自分は欠点がない。十分に働いている」とうぬぼれて、その国の政治を行った世にうまく治まった時代はない。

君主といえど、家臣といえど、「自分にはまだ足りない点がある」と考えるところから初めて、民衆の言うことも素直に聞き入れられるものである。「自分が完全だ」と考えている時に、ほかの人から自分の欠点、足りない部分を指摘されたりすれば、すぐに怒りだすだろう。

だから、本当の賢人や君子というような立派な人は、おごり高ぶっている者に対して、決して味方はしないものである。

【原文】

古《いにしえ》より君臣共《とも》に己《おの》れを足れりとする世に、治功《ちこう》の上《あが》りたるはあらず。自分を足れりとせざるより、下々《しもじも》の言も聴き入るるもの也《なり》。己れを足れりとすれば、人己れの非を言えば忽《たちま》ち怒るゆえ、賢人君子は之《これ》を助けぬなり。

【一言解説】

人の忠告に聞く耳を持て。そう西郷さんは説いています。人は成功したり、会社や組織などで偉くなり、それなりのポストに就いたりするようになると、次第に自分を批判する意見や忠告を、素直に聞けなくなってしまうようです。

人の意見、それも自分のやってきたこと、成し遂げたことを否定するような言葉、手厳しい諫言《かんげん》はなかなか聞き入れることはできません。ですが、そういった厳しい意見、批判を言ってくれる人こそ実は大事なのです。

二〇――制度や方法ではなく、人が第一

どんなに制度や方法を論議しても、それを実際に政策として行う人がいなければならない。その実行する責任者が、立派な見識を持った人物でなければ、その政策はうまく行われないだろう。だから、その立派な人物があって初めて、さまざまな政策、制度が生きてくるものだから、人こそ第一の宝であって、自分がそういう立派な人物になるよう心がけるのが、何より大事なことである。

【原文】

何程《なにほど》制度方法を論ずる共《とも》、その人に非《あら》ざれば行われ難《がた》し。

人有《あり》て後《のち》方法の行わるるものなれば、人は第一の宝にして、己《おの》れその人に成るの心懸《こころが》け肝要《かんよう》なり。

【一言解説】

「仏つくって魂入れず」という諺《ことわざ》がありますが、それと同じことで、どんなに制度や法律を整備しても、それだけで国や社会、人々の暮らしがよくなるものではありません。

制度や法律はしょせん手段・道具であって、実際の国の政策に生かせるかどうかは運用する人次第です。制度が自動的に社会（国、自治体）をよくしてくれるわけではありません。

西郷さんは、そこにしっかりとしたリーダーが必要である、と主張していると同時に、「人材がない」と嘆《なげ》く前に、そういった人物に自分自身がなるよう努力せよと説いているのでしょう。

二一――自分にとらわれてはならない

人が正しく生きる道というものは、天地自然の道理である。学問というのはその道を知るために、「敬天愛人《けいてんあいじん》」すなわち、天を敬《うやま》い、人を愛するという境地を目的にしなくてはならない。そのためには、「己《おのれ》に克つ」ということを心がけねばならない。

自分自身に克つという意識を持つことは並大抵のことではないが、それを『論語』では「わがままをせず、無理をせず、固執《こしつ》せず、我を通さず」（私利私欲を出さない。無理強《じ》いをしない。物事に固執しない。独りよがりをしない）と表現している。

一般的に人は自分に克つことによって成功し、自分本位に考えることによって大事なものを見失い、失敗するものだ。

よく歴史上の人物を見るがよい。大きな事業を始める人は、その事業の十のうち七、八割までは大抵よくできるが、残りの二、三割を最後まで成し遂げられた人は少ないだろう。

それは最初のうちは自分本位にならず、物事を慎重に進めるから成功し、それで有名にもなる。ところが、成功して有名になるに従って、いつのまにか自分にとらわれるようになって、人に対して物事に対して、おそれ慎むという精神が失われ、おごり高ぶる気持ちが出てきてしまう。

自分の成し得た仕事や過去の成功体験をもとにして、何でもできるという過信、うぬぼれが生じて、まずい仕事をし、ついには失敗することになる。

それもこれもすべて自分が招いた結果だ。だから、常に自分に打ち克つ心、自分の甘えに負けない心、真の克己心《こっきしん》を持つことだ。

他人が見ていないからといって悪いことをしたり、誰も聞いていないからと悪いことを言ったりせず、常にその身を慎み戒めることが大事である。

【原文】

道は天地自然の道なるゆえ、講学《こうがく》の道は敬天愛人《けいてんあいじん》を目的とし、身を修《しゅう》するに、克己《こっき》を以《もっ》て終始せよ。

己《おの》れに克《か》つの極功《きょっこう》は「毋意毋必毋固毋我《いなしひつなしこなしがなし》」と伝えり。総じて人は己れに克つを以て成り、自ら愛するを以て敗《やぶ》るるぞ。

能《よ》く古今《ここん》の人物を見よ。事業を創起する人、その事《こと》大抵十に七八迄《まで》は能く成し得れ共《ども》、残り二つを終り迄《まで》成し得る人の希《ま》れなるは、始《はじ》めは能く己れを慎み事《こと》をも敬《けい》する故《ゆえ》、功も立ち名も顕《あら》わるるなり。功立ち名顕わるるに随《したが》い、いつしか自ら愛する心起り、恐懼戒慎《きょうくかいしん》の意弛《ゆる》み、驕矜《きょうきょう》の気漸《ようや》く長《ちょう》じ、その成し得たる事業を負《たの》み、苟《いやしく》も我が事を仕遂《しと》げんとて、まず仕事に陥《おち》いり、終《つい》に敗《やぶ》るるものにて、皆《み》な自《みずか》ら招くなり。

故に己れに克ちて、睹《み》ず聞かざる所に戒慎するものなり。

【一言解説】

「敬天愛人」は西郷さんがしばしば揮毫《きごう》（額などに筆で書くこと）した、よく知られている言葉で、その理想とした境地です。

天を敬うとは、人として正義を貫き、大いなる天（自然の摂理）に敬意を払い、大切にすること。

人を愛するは文字通り、他人を思いやり、愛しなさいということ。

ちなみに「敬天愛人」の言葉は西郷さんのオリジナルと思われがちですが、実は中村正直《なかむらまさなお》（明治の思想家）訳の『西国立志編《さいごくりっしへん》』に紹介されている言葉だそうです。これはもともと中国で、儒教とキリスト教が出合ったことによって生まれた言葉なのです。

また、英語でいう「セルフコントロール」（自己抑制）についても指摘しています。

己を知り、自分自身に負けない強い心を持ちなさい、と説いています。社会的に成功した人でも、得てしてそういう克己心、自分自身を制御する心を見失いがちだ、ということも言っています。

二二――「己に克つ」を心がける

自分に克つということは、その時その場の出来事に対処しようとして、いわゆる場当たりに「自分を律しよう」としたとしても、なかなかそううまくいかぬものだ。

常日ごろから平常心をもって自分に克つ修行をしていなくては、できるものではない。

そう（南洲翁は）言われた。

【原文】

己《おの》れに克《か》つに、事々《じじ》物々《ぶつぶつ》時に臨みて克つ様《よう》にては克ち得られぬなり。

兼《かね》て気象《きしょう》を以《もっ》て克ち居《お》れよ、と也《なり》。

【一言解説】

前節に続いて「己に克つ」ということを論じています。生きていく上で、あるいは仕事をしていく上で、事態は時々刻々変わっていきます。その都度《つど》、目の前の出来事に過敏《かびん》に反応していては、己に克つ、すなわち「自分本位に考えずに行動する」ことなどできない、と西郷さんは言っています。

人はどうしても苦しい時、自分に甘くなってしまいがちです。「これくらいなら許されるだろう」「これくらい誰でもやっている」と。

ですが、それではいくらでも妥協《だきょう》し、自分の目標としてきたものにたどり着くことはできません。何か事態に臨んでからではなく、日ごろから心のありよう、平常心で自分の甘えを絶ち、自分自身を律することを心がけておくべき、と説いているのです。

二三――学問は広く学ぶ

学問を志す者は、その学問の分野を最初から狭《せま》くしぼらずに、広く学び、理想を大きくしなければならない。

しかし、ただ知識ばかりに片寄ってしまうと、身を修めることがおろそかになってゆくから、常に自分に打ち克って自分自身を律して修養することが大事である。

広く学び、しかも自分自身を律する、この二つの両立に努めよ。

男なら、自分の心の中にどんな人をも受け入れられるくらいの大きさ、寛容《かんよう》さが必要だ。逆に、人に受け入れてもらわなければならないような小さな人物になってはだめである。

そう（南洲翁は）言われて、昔の人の言葉を書いて与えられた。

「その志を大きく抱き、一つのことを進めようとする者にとって、最も憂《うれ》えるべきことは、自分の事や利益のみを図り、けちで低俗な生活に安住してしまうことだ。そうならぬためには、昔の立派な人を手本として、自分からそういった人物になろうと修業し努めることである」

では、「古人を期する」、すなわち昔の立派な人を手本とするというのはどういうことですか、と（南洲翁に）尋ねたところ、「堯《ぎょう》・舜《しゅん》（ともに古代中国の王で聖人）をもって手本とし、孔子（儒学の始祖、中国第一の聖人）を先生にする、そういった考えで勉強せよ」と教えられた。

【原文】

学に志す者、規模を宏大《こうだい》にせずば有るべからず。

去《さ》りとて、唯此《ただこ》こにのみ偏倚《へんい》すれば、或《あるい》は身を修《しゅう》するに疎《おろそか》に成り行くゆえ、終始己《おの》れに克《か》ちて身を修する也《なり》。

規模を宏大にして己れに克ち、男子は人を容《い》れ、人に容れられては済まぬものと思えよと、古語を書て授《かい》けらる。

その志気を恢宏《かいこう》する者、人之患《ひとのうれ》いは自《みずか》ら私し、自ら吝《りん》し、大なるはなし。

卑俗《ひぞく》に安んじて古人《こじん》を以て自ら期《き》せざるか。

古人を期するの意を請問《せいもん》せしに、堯舜《ぎょうしゅん》を以て手本とし、孔夫子《こうふうし》を教師とせよ、とぞ。

【一言解説】

学問は何のためにするのか――。

西郷さんは、学問を究める際に注意しなくてはならないこととして、その分野をあまりに追究し、狭《せま》い見識に陥らないように、広い視野を持ちなさいと言っています。

学問は高度になればなるほど、狭いジャンルになりがちです。脳科学の権威、量子力学の権威、フランス文学の権威、何でもその分野の最先端を究めていく時に、研究はさらに微細《びさい》な分野へと進んでいくものです。そうなると、その研究の全体像、その学問が社会にとってどういう意味を持つものか、見失われかねません。

しばしば専門家批判の言葉として「迷路にはまっている」というようなことが言われますが、その分野のことしか知らず、全体像を説明できない派閥《はばつ》主義（セクショナリズム）が進んでしまうのです。

西郷さんは、そういった落とし穴、知識偏重と派閥主義の危険性を指摘しています。

同時に、知識一辺倒の教育ではなく、「善悪をわきまえる」「身を修める」すなわち、全人格の育成が必要だと言っています。

「堯」と「舜」は古代中国の伝説上の王で、禅譲《ぜんじょう》（自身の子孫ではない他者に政権を譲《ゆず》り渡すこと）を行ったことで、儒学では理想とされています。

先に王であった堯は、自分の王位を優れた君主となる素養、「徳」を見込んだ舜に譲って、国が治まったという逸話《いつわ》が教えとして伝わっています。

中国を筆頭に、儒教文化の影響を受けた東アジア各国では、こういった世襲《せしゅう》ではない、有徳の人物に帝位を譲ることが理想化されたのです。

二四――「天を敬い、人を愛す」の精神

道というのは天地自然のものであり、人はこれにのっとって生きるべきものであるから、何よりもまず、天を敬《うやま》うことを生きる上での目的とすべきである。

天は他人も自分も平等に扱い、愛してくださる。

それと同じく、自分を愛する心をもって他人を愛することが大事である。

【原文】

道は天地自然の物にして、人は之《これ》を行うものなれば、天を敬《けい》するを目的とす。天は人も我《われ》も同一に愛し給《たも》うゆえ、我を愛する心を以《もっ》て人を愛する也《なり》。

【一言解説】

再び、「敬天愛人《けいてんあいじん》」について説いています。

天の道は自然の摂理であり、万物《ばんぶつ》にもすべての人にも平等であるから、人として恥ずかしくない行いをしなさい、と言っているのです。

西郷さんという方は、儒学や漢文の知識が深いのはもちろんのこと、聖書や欧米の思想書も取り寄せて読んで、勉強していたことが知られています。ですから「汝《なんじ》の隣人を愛せよ」という言葉もちゃんと知識の中に入っていました。

洋の東西を問わず「人の道は同じ」だと西郷さんが繰り返すのは、幕末に日本を訪れた英国人外交官アーネスト・サトウや、英国人医師ウィリアム・ウィリス（薩摩藩のために働く。のち西洋医学を日本に広める）のような人物たちとの親交があり、彼らと西洋の教養について語っていたからです。

戊辰《ぼしん》戦争でウィリスに新政府軍の軍医を依頼したのは西郷さんで、けが人を官軍、幕府軍の区別なく治療したといいます。

二五――天を相手にし、誠を尽くす

人を相手にしないで、天を相手にするようにせよ。大いなる天を相手にするようなつもりで、自分自身の精一杯を尽くし、人の非をとがめるようなことをしてはならない。そして、もしそれがうまくいかないなら、自分の真心の足りないことを反省せよ。

【原文】

人を相手にせず、天を相手にせよ。天を相手にして、己《おのれ》を尽《つく》して人を咎《とが》めず、我が誠《まこと》の足らざるを尋《たず》ぬべし。

【一言解説】

人の言うこと、することを気にかけず、もっと大きな存在、人の上にあるもの、「天」を相手にしなさい、と西郷さんは言っています。

この「天」について考えてみると、神様だったり、仏様だったり、言い方はさまざまあるかもしれませんが、人智《じんち》を超えた大いなる存在とでも言えるでしょうか。宗教的な教えばかりではなく、人は自然と人の上にある存在を意識し、おそれ敬い、生きているのです。

福沢諭吉《ふくざわゆきち》（明治の思想家、教育者）の「天は人の上に人を造らず、人の下に人を造らず」も同様で、大いなる自然の摂理というべきでしょう。

西郷さんは、社会の小さな枠の中での評判や、狭《せま》い人間関係だけで物事を考えてしまわず、もっと人間社会全体や、後々の歴史（後世への貢献）までも含めて考えて行動すべき、と言っているのです。そして、それがうまくいかなかった場合、自分の誠意が足りず、伝わらなかったのではないかと反省すべきだ、と。

二六――自己愛の落とし穴

自分を愛すること、すなわち自分さえよければよいというような心構えは最もよくないことである。

修業のできないのも、事業の成功しないのも、過ちを改めることができないのも、自分の功績《こうせき》を誇り、おごり高ぶるのも、すべて自分を愛することから生ずることだ。

決して、自分だけを愛するようなことはしてはならない。

【原文】

己《おの》れを愛するは善《よ》からぬことの第一也《なり》。

修業の出来ぬも、事の成らぬも、過《あやま》ちを改《あらた》むることの出来ぬも、功に伐《ほこ》り驕慢《きょうまん》の生ずるも、皆《み》な自《みずか》ら愛するが為《ため》なれば、決して己れを愛せぬもの也。

【一言解説】

自分を愛すること、自己愛は人間としては普通のことかもしれません。ここでは、自分に執着し、自己本位に物事をとらえるという意味で、自分を愛すると言っています。

弱い自分に負けて、「楽をする」「努力しない」「反省しない」「威張《いば》る」——そういう人間になってはいけないと西郷さんは説いています。

「自分だけよければ、他人はどうでもよい」という考えが広まれば、どんどん世の中は悪くなってしまいます。自分にとらわれず、執着《しゅうちゃく》を捨てることは難しいことですが、それを心がけることが大事だと強調しています。

二七――くよくよ後悔しても始まらない

自分の過ちや失敗を認め、改めるのに、自分自身が「間違った」とさえ思い反省すれば、それで良い。その失敗にこだわったりせず、さっぱり捨てて、ただちに次の一歩を踏み出し前進するべきだ。

その失敗や過ちをいつまでも惜《お》しいとか、くよくよと思い返し、あれこれと取りつくろおうとすることは、例えば茶碗《ちゃわん》を割ってしまって、その欠片《かけら》を集め、つなぎ合わせてみるのも同じことで、何の役にも立たないことである。

【原文】

過《あやま》ちを改《あらた》むるに、自《みずか》ら過つたとさえ思い付かば、夫《そ》れにて善《よ》し、その事をば棄《す》て顧みず、直《ただち》に一歩踏出《ふみだ》すべし。過《あやまち》を悔しく思い、取繕《とりつくろ》わんとて心配するは、譬《たと》えば茶碗《ちゃわん》を割り、その欠けを集め合せ見るも同《おなじ》にて、詮《せん》も無《な》きこと也《なり》。

【一言解説】

人は誰しも、自分自身の過ちや失敗を認めたがらないものです。しかし、その過ちを率直に認め、すぐに改めることが大事だと、西郷さんは説いています。ただし、過ぎたこと、終わったことにとらわれず、それを捨て去って「明日のことを考えなさい」と言われても、なかなかできることではありません。

そう言う西郷さん自身も、自分を見いだしてくれた島津斉彬《しまづなりあきら》公が亡くなった際には殉死《じゅんし》しようとしたり、また安政《あんせい》の大獄《たいごく》にあって僧月照《げっしょう》（清水寺の僧侶で、尊皇運動に活躍した）とともに錦江湾《きんこうわん》に投身したり、「明日の一歩」を考えられず絶望し、悲観したこともあります。

ですが、二度も遠島《えんとう》処分を受けるなど苦難の前半生を送った後、西郷さんは自身の失敗にこだわり続ける無意味さを痛感し、「それより日本全体のためになることを第一に考えよう」と決心しました。

遠島から呼び戻された後、禁門《きんもん》の変（蛤御門《はまぐりごもん》の変）や長州征伐、薩長同盟、戊《ぼ》辰《しん》戦争と続く活躍には、「過ぎた失敗のことではなく、常に明日のことを考える」姿勢がありました。

こういったポジティブ・シンキング（積極的に物事を考えること）の結果を知るからこそ、「終わったことにとらわれず、次の一歩を踏み出せ」という言葉に説得力があるのではないでしょうか。

二八――「正しく生きる」は誰でもできること

人としての道を行う、正しく生きるということに、身分の高い低いとか、職業や貧富などの区別はまったく関係ないものである。

昔のことを言えば、古代中国の堯《ぎょう》・舜《しゅん》は国王としてあらゆる政治を行ったのだが、もともと二人の本質は教師、教育者であった。

孔子は魯《ろ》（中国の古代の国）の国をはじめ、政治家としてはほとんど用いられず、何度も困難な目に遭《あ》い、庶民として一生を終えたが、三千人と言われるその弟子たちは、皆その教えに従って正しく生きるということを実践したのである。

【原文】

道を行うには尊卑貴賤《そんびきせん》の差別なし。摘《つま》んで言えば、堯舜《ぎょうしゅん》は天下に王として万機《ばんき》の政事《せいじ》を執《と》り給《たま》え共《ども》、その職とする所は教師也《なり》。孔夫子《こうふうし》は魯国《ろのくに》を始め、何方《いずかた》へも用いられず、屡々困厄《しばしばこんやく》に逢《あ》い、匹夫《ひっぷ》にて世を終え給《たま》いしか共《ども》、三千の徒皆《とみ》な道を行いし也。

【一言解説】

どんな人でも正しく生きることはできる、と西郷さんは繰り返し述べています。伝説の聖人であり君主だった、堯と舜をともに「教師」であると言っていますが、西郷さんはまた別のところでは「楠公《なんこう》（楠木正成《くすのきまさしげ》のこと、南北朝時代の武将）は真儒《しんじゅ》（真の儒学者）なり」とも言っています。

つまり、その人の歴史的な役割は王であったり、武将であったりしていても、「正しく生きることを教える、教師であり、儒学者であった」と西郷さんは指摘しているのです。

　また、孔子は偉大な学者で三千人もの弟子がありましたが、決して運がいいとは言えませんでした。しかし、無位無官のまま生涯を終えても、その弟子たちが孔子の教えを伝え、人の道を守って今もその名を知られています。

　どんな役割を果たして生涯を終えたにせよ、その生き方によって、正しい道を教えるならば、それは真の意味で教師である、と。さらに、西郷さん自身も「師」としてその責務を果たすべき、と考えていたのだと思います。

二九――どんな困難、苦労も乗り越えて

正しい道を進もうとする者は、もともと困難なことに遭遇《そうぐう》するものだから、どんな苦しい場面に立っても、そのことが成功するか失敗するかということや、自分が生きるか死ぬかというようなことに少しもこだわってはならない。

ことを行うには、上手下手《じょうずへた》があり、ものによってはよくできる人、よくできない人もあるけれども、道を行うことに疑いを持って動揺《どうよう》する人もあるかもしれないが、人は道を行わねばならぬものだから、正しい道を踏むという点では上手下手もなく、どうしてもできないという人もいない。

だからできることを精一杯、人として正しい道を行い、その道を楽しむ

くらいの心を持つべきだ。もし困難なことに遭って、これを乗り切ろうとするならば、いよいよ道理に従い、道を楽しむ境地にならなければならない。

自分（南洲翁）も若い時分から、困難という困難に遭ってきたので、今はどんなことに出合っても心が動揺するようなことはないだろう。それだけは実に幸せだ。

【原文】

道を行う者は、固《もと》より困厄《こんやく》に逢《あ》うものなれば、如何《いか》なる艱難《かんなん》の地に立つとも、事の成否《せいひ》身の死生《しせい》抔《など》に、少しも関係せぬもの也《なり》。事には上手下手有《あ》り、物には出来る人、出来ざる人有るより、自然心《しぜんこころ》を動す人も有《あ》れ共《ども》、人は道を行うものゆえ、道を踏むには上手下手も無く、出来ざる人も無し。故《ゆえ》に只管《ひたす》ら、道を行い道を楽《たのし》み、若《も》し艱難に逢うて之《これ》を凌《しのが》んとならば、弥々《いよいよ》道

を行い道を楽《たのし》むべし。

予《よ》、壮年《そうねん》より艱難と云《い》う艱難に罹《かか》りしゆえ、今はどんな事に出会う共動揺《ともどうよう》は致すまじ。夫《そ》れだけは仕合《しあわ》せなり。

【一言解説】

正面切って立ち向かうような人生の局面は得てして、つらく苦しいものです。そんなつらく苦しい出来事に出合うと、人はその困難を避け、楽して結果を得たいと思うものです。

しかし、西郷さんはそういう困難に直面した時こそ、「人として正しい道」を歩みなさいと言っています。そしてその苦しみさえ楽しむ境地にならなくてはいけない、と。

「艱難《かんなん》、汝《なんじ》を玉《たま》にす」という言葉があります。逆境にあって苦労し、つらい思いをすればするほど、人格が磨かれ、素晴らしい人物になるという意味ですが、西郷さんほどこの言葉通りの人生を送った人はいないのではないでしょうか。

三〇――命もいらず、名もいらず、始末に困る人

命もいらぬ、名誉もいらぬ、官位や肩書きも、金もいらぬ、という人は始末《しまつ》（扱い）に困るものである。だが、このような始末に困る人物でなければ、困難をともにして国家の命運を分けるような大きな仕事を一緒に成し遂げることはできないのだ。しかしながら、こういう人物はなかなか普通の人の目では見抜くことはできない。

そう（南洲翁が）言われた。

そこで聞く者が、それは孟子《もうし》（中国・戦国時代の思想家、聖人）が、

「人は天下の広くに目をくばり、天下の正しい道に立って、人として正し

い道を行うものだ。もし、志を見込まれて用いられたら国民とともにその道を行い、国のために働く。もし志を評価されず（官僚や政治家に）用いられない時は、たった独りでも信じる道を行えばよい。そういう人はどんな富や身分もこれをおかすことはできないし、いやしさ貧しさによって心がくじけることはない。また権威や力をもって、これを屈服させようとしても決してできない」

と言っておるのは今、南洲翁が言われたような人物の事ですかと尋ねたら、「いかにもその通りで、真に道理を行う人、正しく生きるという覚悟のある人物でなければ、そのような精神は得がたい」と答えられた。

【原文】

命もいらず、名もいらず、官位も金もいらぬ人は仕末《しまつ》に困るもの也《なり》。此《こ》の仕末に困る人ならでは、艱難《かんなん》を共にし国家の大業《たいぎょう》は成し得られぬなり。去《さ》れ共《ども》个様《かよう》の人は、凡俗《ぼんぞく》の眼《め》には見得《みえ》られぬぞと申さるるに付《つき》、孟子《もうし》に「天下

の広居《こうきょ》に居《お》り、天下の正位《せいい》に立ち、天下の大道《たいどう》を行う。志《こころざし》を得れば民と之《これ》に由《よ》り、志を得ざれば独《ひと》りその道を行う。富貴《ふうき》も淫《いん》すること能《あた》わず、貧賤《ひんせん》も移すこと能わず、威武《いぶ》も屈すること能わず」と云《い》いしは、今仰《おお》せられし如《ごと》きの人物にやと問いしかば、いかにもその通り、道に立ちたる人ならでは彼《か》の気象《きしょう》は出ぬ也。

【一言解説】

『南洲翁遺訓』の中でも最も有名な一節と言っていいでしょう。

誰でも自分の命は惜《お》しいものです。お金も欲しいし、役職や肩書きも、それに名誉だって欲しいと思うのが普通です。武士の社会では「名誉」が一番でした。武家の名誉、名が汚されたら、命がけではらさなくてはなりません。ですから、武士として「命」を捨てることは、そんなに違和感がなかったかもしれません。

明治維新後はどうでしょう。西郷さんのまわりの「志士」と呼ばれた誰もが、新政府の下で役職を求め、高給を取り、蓄財《ちくざい》に走る、そんな姿が目立っていたのです。「国を良くしたい」と思って行動してきたのに……、西郷さんの落胆《らくたん》ぶりが想像できます。

では、「命もいらず、名もいらず、官位も金もいらず、扱いにも困ってしまう」、そんな男は誰だったのでしょうか。

一般的には、この一節で指しているのは山岡鉄舟《やまおかてっしゅう》（幕臣、勝海舟らと並び幕末三舟と称された人物）のことだと言われています。

ですが、この言葉を口にしている西郷さんほど、「私利私欲」と無縁で、「扱いに困る」人物はなかったのだろうと思われます。

この言葉は長年の盟友《めいゆう》、大久保利通《おおくぼとしみち》に向けられた批判と言われますが、西郷さんの言行一致の生き方を知れば、これほどの説得力に満ちた言葉はありません。

三一——世評を気にせず、信じる道を貫く

正しく生きるということを決意した者は、国中の人々が寄ってたかってけなし、悪く言おうとも、決して不満を言ってはならないし、また、国中の人がこぞって褒《ほ》めたとしても、決して自己満足し、舞い上がったりしてもいけない。

なぜなら、周囲の評判などは重要でなく、何よりも自分が満足できるかの尺度を堅く持って、深く信じているがゆえである。

そのような自己を肯定する、信念を身につけた人物になる方法は、韓文《かんぶん》公《こう》（韓愈《かんゆ》、唐の文学者・思想家）の書いた「伯夷《はくい》をたたえる文」を繰り返し読んでほしい。その教えを身につけるべきである。

【原文】

道を行う者は、天下挙《こぞ》って毀《そし》るも足らざるとせず、天下挙て誉《ほむ》るも足れりとせざるは、自ら信ずるの厚きが故也《ゆえなり》。

その工夫《くふう》は韓文公《かんぶんこう》が伯夷《はくい》の頌《しょう》を熟読して会得《えとく》せよ。

【一言解説】

一方で「聞く耳を持ちなさい」と言っている西郷さんですが、ここでは「世間の評価を気にするな」と言っています。

一見、矛盾《むじゅん》しているようですが、ここでいう評価、評判は、本当の忠告やアドバイスとは違う、興味本位や嫉妬《しっと》心などからくる無責任な声のことでしょう。

本当の忠告や諫言《かんげん》には聞く耳を持たなくてはいけませんが、世間から聞こえてくるのはほとんどが、無責任な評判の類《たぐ》いです。そして、これらにはけなす声も、褒めたたえる声も含まれていて、こういった声に惑わされるべきではない、と西郷さんは説いているのです。

後段では「伯夷《はくい》の頌《しょう》」について話していますが、少し説明が必要かもしれません。殷《いん》の時代（中国の古代）、伯夷と叔斉《しゅくせい》という名の兄弟があり、仕えていた殷王朝が滅ぼされ、その滅ぼした周王朝の王から「新しい時代のために働いてほしい」と望まれたのです。殷の王は暴君だったのに対して周の王は名君であったので、民衆は周の統治《とうち》を歓迎し、周囲も伯夷たちに仕官を勧めましたが、彼らはその招きを断りました。

「二君に仕《つか》えるを潔《いさぎよ》しとせず」

兄弟は山にこもり、ついには餓死《がし》したのです。韓文公は、節義を守って損得をかえりみずに命を落とした兄弟のことを褒めたたえ、書き残しています。

伯夷の「二君に仕えず」というのは、武士のモラルとして一般的に知られたものです。

現代的な感覚で言えば、「暴君が滅び、よい君主に望まれたのだから、そのために働くのが政治家・官僚として当然」という考えもあるでしょう。それはそうなのですが、一方で伯夷が賞賛されるべき点は、「自分の価値観を曲げなかった」「自分の信念の命ずるままに行動した」ということでしょう。

西郷さんはここで、自分自身が「天に恥じない」と思える行動を取ることが重要で、人が悪口を言おうが、逆に褒めてちやほやしようが、まわりの声に惑わされてはいけない、と言っているのです。

三二――謙虚さを忘れず、慎み深く行動する

正しく道義を踏み行うとする者は、華々《はなばな》しい偉大な業績を、世間と一緒になってちやほやしたり、むやみと褒《ほ》めたりしないものである。

司馬温公《しばおんこう》（司馬光《しばこう》、中国北宋の政治家、学者）は寝室の中で妻と密かに語ったことも、「他人に対して言えないようなことはない」とおっしゃっている。

ここから「独りを慎《つつし》む」という心得の真意をいかなるものであるか推察すべきだ。

君子《くんし》（立派な人間）は、自分自身の理想を持ち、たった一人で他人が気にかけずとも慎みの気持ちを忘れず道に外れることはない、ということだ。

ことさら人をあっと言わせるようなことをして、その一時《いっとき》だけよい気分に

なるのを好むのは、未熟な人のすることで、くれぐれも戒《いさ》めるべきである。

【原文】

道に志す者は、偉業を貴《とうと》ばぬもの也《なり》。司馬温公《しばおんこう》は閨中《けいちゅう》にて語りし言《げん》も、人に対して言うべからざる事無《ことな》しと申されたり。独《ひと》りを慎《つつし》むの学推《お》して知るべし。人の意表に出て一時《いっとき》の快適を好むは、未熟の事なり。戒《いまし》むべし。

【一言解説】

偉業、素晴らしい業績を褒《ほ》めることは普通のことでしょう。それが、本当に素晴らしい結果を出したり、誰にもできない事績であったりすれば、当然のことです。

しかし、ここで西郷さんは人を驚かしたり、注目を集めようとしたりしてつくり出した「見せかけの功績」に惑わされ、本質を見失ってしまう危険性を指摘しています。そして、本当の偉人、立派な人物は謙虚に自分自身を磨く人であって、これみよがしに自慢したりはしないし、何よりその見かけの結果が問題ではないと言うのです。

ここでいう「独り（を慎む）」は天（神）に対しての一人ということで、それを慎む、慎みを忘れずに行動することを説いています。

ところで、「寝室の中で妻と密かに語った――」と言っていますが、その西郷さんが妻と語った寝室の逸話《いつわ》があります。

坂本龍馬《さかもとりょうま》が西郷さんの鹿児島城下の自宅に招かれた慶応《けいおう》元年のこと。その屋敷があまりのあばら屋であることに驚いていた龍馬が、夜、床に就こうとすると、隣室で西郷さんと妻イト（後妻）の会話が聞こえてきました。

「わが家は（屋根が腐って）雨漏《あまも》りがして困っておりもす。お客様がおいでの時、面目《めんぼく》あいもはん（面目ありません）。どうか早よ修繕《しゅうぜん》してくいやんせ（ください）」。

それに対して西郷さんは、「今、日本中が雨漏りしておいもす。わが家の修繕なぞしておられん」と答えたそうです。

歴史作家、海音寺潮五郎《かいおんじちょうごろう》（鹿児島県伊佐市出身）が取り上げ、大変よく知られるようになった話ですが、いかにも西郷さんらしいエピソードです。

三三——危機管理能力を磨く

常日ごろ道義を踏み行わない人、正しい生き方を行わない人物は、異変や不測の事態に出くわすと、あわてふためき、何をしてよいか分からぬものである。

例えば、近所に火事があった場合、かねて心構えのできている人は少しも動揺《どうよう》することなく、これに対処することができる。だが、心構えのできていない人は、おろおろと狼狽《ろうばい》して、何をしてよいか分からず的確に対処することができない。

それと同じで、日ごろから正しい道を踏み行っている人でなければ、大きな出来事に出合った時、優れた対策は取れないものだ。私（南洲翁）が先年、出陣の際に兵士に向かって言ったことがある。

「自分たちの防備、戦闘態勢が十分であるかどうか、こちらの味方の目で見ないで、敵の視点に立って一つついて見よ。どう攻めるか考えれば、弱点も見えてくる。それこそ最良の防備である」

そう訓示して聞かせたのだ。


【原文】

平日道を踏まざる人は事に臨《のぞみ》て狼狽《ろうばい》し、処分の出来ぬもの也《なり》。譬《たと》えば近隣に出火《しゅっか》有《あ》らんに、平生《へいせい》処分有《あ》る者は動揺《どうよう》せずして、取仕末《とりしまつ》も能《よ》く出来るなり。平日処分無き者は、唯《ただ》狼狽して中々取仕末どころには之《こ》れ無きぞ。夫《そ》れも同じにて、平生道を踏み居る者に非《あらざ》れば、事に臨みて策は出来ぬもの也。予《よ》、先年出陣の日、兵士に向《むか》い、我が備《そなえ》の整不整《せいふせい》を唯《ただ》味方の目を以て見ず、敵の心に成りて一つ衝《つい》て見よ、夫れは第一の備《そなえ》ぞと申せしとぞ。

【一言解説】

正しく生きる覚悟をしていれば、とっさの時にも動じない、と西郷さんは語っています。一般的に言えば、「備えあれば、憂《うれ》いなし」。とっさの時、不測の事態にうろたえないようにするのは大変難しいと思います。

普段から火事や地震などの災害に備えて訓練をしていても、東日本大震災のような想像を絶する津波や原発事故があれば、その備えをも超えてしまうかもしれません。ですが、いろんな突発時に、臨機応変に身を処す術《すべ》は日常において育《はぐく》んでおくべきで、すなわち日ごろから危機管理能力を養っておくべきだと言っているのです。

ここで西郷さんは戊辰《ぼしん》戦争での経験を話しています。

緒戦の鳥羽伏見《とばふしみ》の戦いでは、幕府方は約一万五千人、対する新政府軍はおよそ五千人。兵力は西郷さんのほうが三分の一だったわけで、通常なら幕府軍の勝利に終わるところでしょうが、結果は史実で明らかな通りです。兵器軍備の差もあり、「味方の視点ではなく、相手側の視点で」見た西郷さんの新政府側が勝利しました。

戦争のような特殊な環境ばかりではなく、あらゆる局面において、人は自分の側からしか事態をとらえず、自分の視点で物事を判断しがちです。だが一歩引いて、あちら側からの視点、あるいは第三者の視点で事態をとらえるよう心がけてほしい、と西郷さんは強調しています。

三四――平時に策略を使うべきではない

策略やはかりごとは普段は用いてはならない。策略をもって行ったことは、その後の結果がよくないことがはっきりしていて、必ず悔いることになる。ただ戦争の時だけは、策略がなければいけない。

しかし、日ごろから策略を用いてばかりいると、いざ戦いということになった時、策略が決してうまくいかなくなる。諸葛孔明《しょかつこうめい》（中国・三国時代の蜀《しょく》の名軍師）は平和な普段は策略など使わなかったから、いざという時、あのように思いも寄らない策略や戦術が功を奏することになったのだ。

かつて自分（南洲翁）が東京を引き揚げる際、弟（西郷従道《つぐみち》、のち海軍大臣）に向かって言ったのである。「自分はこれまで少しも、はかりごとをやったことがないので、ここ（東京）を引き揚げた後も、その跡《あと》は少しも濁《にご》ることはなく、何一つ非難を受けるようなことはあるまい。それだけはよく見ておいてくれ」と。

【原文】

作略《さりやく》は平日致さぬものぞ。作略を以てやりたる事は、その迹《あと》を見れば善《よ》からざること判然《はんぜん》にして、必ず悔《く》い有《あ》る也《なり》。唯戦《ただいくさ》に臨みて作略無くばあるべからず。併《しか》し、平日作略を用《もちう》れば、戦に臨みて作略は出来ぬものぞ。孔明《こうめい》は平日作略を致さぬ故《ゆえ》、あの通り奇計《きけい》を行われたるぞ。予嘗《よかつ》て東京を引きし時、弟へ向《むか》い、是迄《これまで》少しも作略をやりたる事有らぬゆえ、跡《あと》は聊《いささ》か濁《にご》るまじ、夫《そ》れ丈《だけ》は見れと申せしとぞ。

【一言解説】

戦争や有事の時以外に策略、陰謀《いんぼう》を使うべきではない、と西郷さんは説いています。

相手の裏をかき、思いもよらぬ手を使って相手をだます、そういう策略は確かに、戦時には許されるもので、勝利のためには必要なことでしょう。しかし、策略は疑心暗鬼《ぎしんあんき》を生んだり、禍根《かこん》を残したりする無慈悲《むじひ》なもので、これを平和な日常で用いると必ずよくない事態を招くと、西郷さんは指摘しています。

策略のリスクは、もし一時うまくいったとしても、いつか災いの種になり、しっぺ返しとしてデメリットを生むものなのです。

有名な三国志の軍師、諸葛孔明《しょかつこうめい》は目覚ましい活躍をした宰相《さいしょう》でもありますが、日ごろは策略とは無縁の人物で、人として正しい道を行っていることが知られていました。平時に策略を用いる人物は「謀略家」として有名になってしまい、かえっていざという時に策略が功《こう》を奏《そう》さないことがあります。しかし、孔明はその反対だったがゆえに、戦の際の策略は見事に決まり、勝利を招くことになったのです。

西郷さん自身も常日ごろ、陰謀や策略を用いなかったと自負していて、東京を引き揚げる（明治六年政変）際に、「立つ鳥、跡を濁さず」の言葉通り、「後で非難されたり、陰謀や策略を疑われたりはしないから、見ておいてくれ」と、実弟、従道に言い残されたのでしょう。

三五――英雄は公平至誠を見抜く

人をごまかし丸め込んで、陰でこそこそと策略をめぐらせる者は、たとえそのことを成功させ自分に都合よく運んだとしても、物事をよく見抜く人がこれを見れば、その醜《みにく》いことがすぐに分かる。人に対面しては常に公平で真心をもって接するべきである。公平でなければ、真の英雄の心を手に入れることはできないものだ。

【原文】

人を籠絡《ろうらく》して陰に事《こと》を謀《はか》る者は、好《よ》しその事を成し得《う》る共《とも》、慧眼《けいがん》より之《これ》を見ればば醜状著《しゅうじょういちじ》るしきぞ。

人に推《お》すに公平至誠《こうへいしせい》を以《もっ》てせよ。公平ならざれば、英雄の心は決して攬《と》られぬもの也《なり》。

【一言解説】

真の英雄とは、裏で策略をめぐらす人間を指すのではなく、私欲のために策略や陰謀《いんぼう》を用いない人物であると言っています。そして、人と対面し接遇《せつぐう》する時、公平至誠を旨《むね》としなさい、と西郷さんは説いています。

有名な江戸城開城の交渉では、その言葉通りの行動、振る舞いが勝海舟《かつかいしゅう》の証言で残されています。幕府方の交渉役、勝は西郷さんが開城に際して、将軍徳川慶喜《とくがわよしのぶ》の身柄引き渡しや上野彰義隊《しょうぎたい》（官軍に抵抗して上野にたてこもった幕臣たちの部隊）の武装解除などさまざまな条件をつけてくるのではないか、と思っていました。長くなりますが『氷川清話《ひかわせいわ》』を引用しましょう。

いよいよ談判になると、西郷は、オレ（勝）のいうことを一々信用してくれ、その間一点の疑念もはさまなかった。「いろいろむつかしい議論もありましょうが、私が一身にかけてお引き受けします」。西郷のこの一言で江戸百万の生《せい》霊《れい》（人間）も、その生命と財産とを保つことができ、また徳川もその滅亡を免れたのだ。もしこれが他人であったら、（中略）いろいろ喧《かまびす》しく責めたてるに違いない。万一そうなると、談判はたちまち破裂《はれつ》（ご破算）だ。しかし、西郷は、そんな野暮《やぼ》は言わない。その大局を達観《たっかん》して、しかも果断《かだん》に富んでいたのにはオレも感心した。（中略）この時、オレがことに感心したのは、西郷がオレに対して、幕府の重臣たるだけの敬礼を失わず、談判の時にも、始終坐《しじゅうざ》を正して、手を膝《ひざ》の上にのせ、少しも戦勝の威光《いこう》でもって、敗軍の将を軽蔑《けいべつ》するというようなふうが見えなかったことだ。その胆量《たんりょう》の大きいことは、いわゆる天《てん》空海闊《くうかいかつ》（大空と海が広々としている様から転じて、度量が大きく、こだわりのないこと）で、見識ぶるなどということは、もとより少しもなかった。

勝海舟は西郷さんとの会談後に、こう語っているのです。二人の人間性や、ス

ケールの大きさを感じさせる逸話《いつわ》ではないでしょうか。この二人の英雄があって
こそ、江戸無血開城が実現したと言えるのです。

三六——文字だけの知識では役に立たない

歴史を学ぶことは大切だが、昔の人が行った歴史をただ書物の上の知識として得るだけでは意味がない。聖人賢者《せいじんけんじゃ》になろうというような高い志がなく、最初から「自分にはとても真似《まね》出来ない」と思うような気持ちであったら、戦いに臨んで逃げる敵前逃亡《てきぜんとうぼう》より、なお卑怯《ひきょう》なことだ。

朱子《しゅし》（中国・南宋時代の儒学者）は「抜いた刀を見て逃げ出すような者はどうしようもない。真剣勝負のできぬ卑怯者である」と言われているが、それと同じだ。誠意をもって聖人賢者の書を読み、その一生をかけて行われたことの心髄《しんずい》を自分自身の手本として、身に体験するような修業をしないで、ただ「こんな言葉を言われた」とか、「このようなことがあった」という事を知識として知っているばかりでは何の役にも立たない。

私（南洲翁）は今、人の言うことを聞くと、いかにももっともらしく論じようとも、その行動や実践に心がこもらず、また精神や理念が行き渡っていないように思える。そんな、知識を吹聴《ふいちょう》して行動を伴わない、ただ口先ばかりのことであれば少しも感心しない。

逆に、本当に聖人賢者の行動を心から手本とし、自らの行いにしようという志のある人を見れば、（雄弁でなく、知識に乏《とぼ》しくても）実に立派だと感じるものである。

昔の聖人賢者の書を、ただ上辺《うわべ》だけなぞり読むのであったら、ちょうど他人の剣術を傍《はた》から見ているのと同じで、少しも自分の身につかない。自分の体を動かして剣を振るい、鍛錬《たんれん》しなければ剣は上達しないのは明らかで、万一「刀を持って立ち合え」と言われた時、逃げるよりほかないであろう。

【原文】

聖賢《せいけん》に成《な》らんと欲する志《こころざし》無く、古人《こじん》の事跡《じせき》を見、迚《とて》も企て及ばぬと云《い》う様《よう》なる心ならば、戦《いくさ》に臨《のぞ》みて逃《にげ》るより猶《な》お卑怯《ひきょう》なり。

朱子《しゅし》も、白刃《はくじん》を見て逃る者はどうもならぬ、と云《い》われたり。誠意を以《もっ》て聖賢の書を読み、その処分せられたる心を身に体《たい》し、心に験《けん》する修行致さず、唯個様《ただかよう》の言、个様の事と云うのみを知りたるとも、何《なん》の詮《せん》無きもの也《なり》。

予《よ》、今日《こんにち》人の論を聞くに、何程尤《なにほどもっと》もに論ずる共《とも》、処分に心行き渡らず、唯《ただ》、口《く》舌《ぜっ》の上のみならば少しも感ずる心之《こ》れ無し。真《しん》にその処分有《あ》る人を見れば、実に感じ入る也。聖賢の書を空《むなし》く読《よむ》のみならば、譬《たと》えば人の剣術を傍観《ぼうかん》するも同じにて、少しも自分に得心《とくしん》出来ず、自分に得心できずば、万一立ち合えと申されし時、逃るより外《ほか》有《あ》る間敷《まじき》也。

【一言解説】

子どものころ、「何のために勉強しているのか」と親に聞いて困らせたことはないでしょうか。あるいはその逆で、子どもに聞かれて返答に困ったことがあるでしょうか。

西郷さんは歴史を学ぶ意味について、詰め込み式の知識ではだめだと指摘されています。現代は、知識や理論を学ぶことを「学問」として、受験戦争の激化が進んでいますが、ここで西郷さんは、学ぶことの本質はよりよく生きるための志を養い、その手本を得ることだと言っています。

「古代の聖人や賢者のようになれ」と言うと極端で、はなから諦《あきら》めてしまいそうですが、どんな人でも真面目に（聖人賢者のように）「よく生きる」ことを心がけていれば、知識や弁舌だけの人物よりはるかに立派である、と西郷さんは言われています。

三七――誠意は時代も超える

後世までもずっと信じることができ、感動を与えられることができるのは、ただ一つの真心だけである。つまり、その行動に真心、誠意が込められていたかどうかなのだ。

昔から父の仇《あだ》を討った人は数えきれないほど大勢いるが、その中で曽我《そが》兄弟（鎌倉時代の武士、十郎祐成《じゅうろうすけなり》と五郎時致《ごろうときむね》）の仇討ちだけが、今の世に至るまで女性や子どもまでも知らない人のないくらい有名なのは、多くの人に抜きん出て真心が深いからであろう。

誠意や真心がなくて世の中の人から褒《ほ》められるのは、偶然の幸運に過ぎない。真心が深ければ、たとえその当時は、知る人がなくても後《のち》のちの世に必ず知られ、同情する人が出てくるものである。

【原文】
天下《てんか》後世迄《こうせいまで》も信仰悦服《えっぷく》せらるるものは、只是一箇《ただこれいっこ》の真誠也《しんせいなり》。古《いにし》えより父の仇《あだ》を討ちし人、その麗《か》ず挙《あげ》て数え難《がた》き中に、独《ひと》り曽我《そが》の兄弟のみ、今に至りて児童婦女子迄《まで》も知らざる者の有らざるは、衆《しゅう》に秀《ひい》でて誠《まこと》の篤《あつ》き故《ゆえ》也。誠ならずして世に誉《ほめ》らるるは、僥倖《ぎょうこう》の誉《ほまれ》なり。誠篤ければ、縦令《たとい》当時知る人無くとも、後世必ず知己《ちき》有《あ》るもの也。

【一言解説】
真心、いわゆる誠意は、どんな時代にも通じるし、またどんな人にも感動を与える、と西郷さんは説いています。その例として、仇討ちが挙げられていますが、武士にとって仇討ちというのは、親に対する「孝」、主君に対する「忠」という、道徳上大変重要な位置づけでした。

中でも曽我兄弟の仇討ち（鎌倉時代の出来事、曽我兄弟が父親の仇を討つ物語）は、現在はさほど知られていませんが、江戸時代までは有名で「曽我物語」として広く語りつがれ、浄瑠璃《じょうるり》や歌舞伎《かぶき》にもなって「三大仇討ち」の一つに数えられていました。鹿児島城下で行われていた郷中《ごうちゅう》教育（武士の子弟を集め、お互いに学び、訓練する）の中で「孝心」「忠心」を教えるため、曽我兄弟の仇討ちについて勉強しました。

中でも、富士の裾野《すその》で兄弟が力を合わせて父の仇討ちをした際、傘《かさ》をたいまつ代わりにした故事にならって、和傘《わがさ》を燃やす祭りが開かれるようになりました。今でも夏になると、鹿児島市の甲突川《こうつきがわ》河畔《かはん》で「曽我どんの傘焼き」があり、伝統行事として続けられているのです。

三八――真の機会をつかむには

世の中の人の言う機会、言わばチャンスとは、たまたま得た偶然の幸せのことを指しているのが大多数だ。

しかし、真の機会というものはそういったものではない。本当のチャンスというのは準備万端《ばんたん》、合理的に考え尽くして行い、時の勢いをよく見極めて行動して、成功を手にする場合のことだ。

常日ごろ、国や世の中のことを心配し、憂《うれ》える真心も誠意もなくて、ただ時のはずみに乗って成功した事業がもしあったとしても、それは決して長続きしないものである。

【原文】

世人《せじん》の唱《とな》うる機会とは、多くは僥倖《ぎょうこう》の仕当《しあ》てたるを言う。真の機会は理《り》を尽《つく》して行い、勢《せい》を審《つまびら》かにして動くと云《いう》に在り。平日国天下《くにてんか》を憂《うれ》うる誠心厚《せいしんあつ》からずして、只時《ただとき》のはずみに乗じて成し得たる事業は、決して永続せぬものぞ。

【一言解説】

たまたまの幸運で成功する人はあっても、本当の成功はそれだけで長続きしない、と言っていますが、「絶好のチャンス」というのはただ待っているだけで訪れてくれるものではなく、常に準備し、たゆまず努力していてこそ訪れる、そう西郷さんは説いています。

人はとかく、「あいつは運が良かったから昇進した」「あの娘は要領がよくて抜《ばっ》てきされた」とか、嫉妬《しっと》し陰口を言ってしまいがちなものです。しかし、「運」だけで成功しても、長続きするはずがありません。実力不足、努力不足、器量不足を露呈《ろてい》して身の破滅とまではいかずとも、失速してしまう人も多いのです。

いつ、どこで、どんな幸運が舞い降りてくるか分かりません。その時に備えて、幸運をつかむ準備をしておくことが最も大事なのだ、と西郷さんは言いたいのでしょう。

三九——才覚に人格を兼ね備えて

今の人は、才能や知識さえあれば、どんな事業でも思うままにできると思っているようだ。だが、才能に任せて運ぼうとすることは、どうも危なっかしくて見てはおられないものだ。仕事は、しっかりした人の体、すなわち人格があって、計画や人との協調・協力があってこそ、うまく運び、立派な成果を成し遂げられるのだ。

肥後《ひご》藩（現在の熊本県）の長岡監物《ながおかけんもつ》先生（家老、勤皇《きんのう》の思想家）のような立派な人物は、今は同じくらい優れた方を見ることもできないようになってしまったと言って（南洲翁は）嘆《なげ》かれ、昔の言葉を書いて与えられた。

「世の中のことは真心がない限り動かすことはできない。また才覚がない限り治めることはできない。真心に徹すると、その動きも発展も速い。才覚があらゆる面に発揮されれば、その治めるところも広くすみずみまで行き渡る。才覚と真心が一緒になった時、治世を行うべきである」


【原文】

今の人、才識《さいしき》有れば、事業は心次第《こころしだい》に成さるるものと思え共《ども》、才に任せて為《な》す事は、危《あや》うくして見て居られぬものぞ。体有《たいあ》りてこそ用《よう》は行わるるなり。肥後《ひご》の長岡《ながおか》先生の如《ごと》き君子《くんし》は、今は似たる人をも見ることならぬ様《よう》になりたるとて嘆息《たんそく》なされ、古語《こご》を書《か》きて授けらる。

夫天下《それてんか》誠《まこと》に非《あらざ》れば動かず、才に非れば治《おさま》らず。

誠之《まことの》至る者其《そ》の動く也速《やすみや》か、才之周《さいのあま》ねき者その治《おさむ》る也《や》広し。

才と誠と合し然後《しかるのち》事を成すべし。

【一言解説】

才能や知識も大事だが、それだけでは物事の成否はおぼつかない、と西郷さんは言います。人としての体、根幹がしっかりしていて人格が信用でき、誠がある、そうなって初めて物事を成功に導けるというのです。才能と知識を生かすべく、人格を磨きなさい、と言われているのです。

ここに出てくる長岡監物という人物は、現在では知名度は高くありませんが、西郷さんの大変尊敬していた人物で、幕末当時に「日本三傑《さんけつ》」の一人に数えられていたそうです（あとの二人は水戸藩の藤田東湖《ふじたとうこ》、福井藩の鈴木主税《すずきちから》）。長岡は家老の家柄でありながら、偉ぶったところのない、温厚な人物だったと伝えられています。

後に西郷さんは、「これまでずいぶん有名な人たちに会ってきたけれど、長岡先生ほど徳のある人に出会ったことはない」と語っているほどです。

四〇——爽快でおだやかな君子の心

南洲翁に従って犬を連れてウサギを追い、山や谷を歩いて一日中、狩りをしてまわった。そして、田舎の家に宿泊し風呂に入り、身も心も爽快《そうかい》になった時、南洲翁が悠々《ゆうゆう》として言われた。
「本当の君子の心は、いつもこのように満ち足りて、爽《さわ》やかなものであろうと思う」と。

【原文】
翁《おう》に従《したが》て犬を駆《か》り兎《うさぎ》を追い、山谷を跋渉《ばっしょう》して終日猟《か》り暮《く》らし、一田家《いちでんか》に投宿し、浴終《よくおわ》りて心神《しんしん》いと爽快《そうかい》に見えさせ給《たま》い、悠然《ゆうぜん》として申されけるは、「君子《くんし》の心は、常に斯《かく》の如《ごと》くにこそ有《あ》らんと思うなり」と。

【一言解説】

西郷さんは政界引退後、鹿児島に戻って畑仕事をしたり、読書をしたり、温泉をめぐるなどゆっくりとした日々を過ごしていました。自ら政府へ戻る気はなかったようで、自宅にいない際は鹿児島各地をめぐって「狩猟三昧《しゅりょうざんまい》」の日々を過ごしていました。これは肥満気味の体を動かす、ダイエットの意味もあったようです。

ここで出てくる「犬」は、愛犬である薩摩犬「ツン」です。ツンは常に西郷さんの狩猟の供《とも》として傍《かたわ》らにあり、ウサギ狩りが得意だったといいます。上野の西郷銅像と言えば、傍らに連れられた愛犬「ツン」なしにはありえません。

また、西郷さんは温泉好きで、鹿児島県内各地に「西郷さんゆかりの湯」が残されています。体を動かし、お湯につかり、ゆったりとした一日を過ごした西郷さん。「どんな時であっても、こういった悠然《ゆうぜん》とした、爽やかな心持ちでいなくてはいけない」と心底思って口にしたのでしょう。あくせく余裕のない生活では心身が癒《いや》されず、明日の活力が出るはずはありません。

四一――常に備えを怠らない

修行して心を正して、君子の心身を備えても、事にあたってその処理、臨機応変の対応のできない人は、ちょうど木でつくった人形と同じことである。

例えば数十人のお客が突然おしかけてきた場合、どんなに接待しようと思っても、食器や道具の準備ができていなければ、ただおろおろと心配するだけで、接待のしようもないであろう。いつも道具の準備があれば、たとえ何人であろうとも、数に応じて接待することができる。

だから、普段の準備が何よりも大事なことである、と（南洲翁は）古語を書いてくださった。

「学問というものはただ文筆の技術のことをいうのではなく、どんな事にあたっても切り抜ける判断力を身につけることである。

武道というものは剣や盾《たて》をうまく使いこなす技術をいうのではなく、どんな戦いにおいても敵を知ってこれに処する知恵を身につけることである。

こういう才能と知恵は、ただ心の中に一つにまとまっていなければならない」


【原文】


身《み》を修《しゅう》し己《おの》れを正して、君子《くんし》の体《たい》を具《そな》うる共《とも》、処分の出来ぬ人ならば、木偶人《でく》も同然なり。譬《たと》えば、数十人の客不意に入《い》り来《こ》んに、仮令何程《たとえなにほど》饗応《きょうおう》したく思う共、兼《かね》て器具調度《きぐちょうど》の備《そなえ》無《な》ければ、唯《ただ》心配するのみにて、取賄《とりまかな》う可《べ》き様有間敷《さまあるまじき》ぞ。常に備あれば、幾人《いくにん》なり共、数に応じて賄わるる也《なり》。

夫《そ》れ故《ゆえ》、平日の用意は肝腎《かんじん》ぞとて古語《こご》を書《かき》て賜《たまわ》りき。

文《ぶん》は鉛槧《えんざん》に非《あらざ》る也、必ず事に処する之才《のさい》有り。
武《ぶ》は剣楯《けんじゅん》に非る也、必ず敵を料《はか》る之智《のち》有り。
才智之在《さいちのあ》る所一《ところひとつ》焉而已《のみ》。

【一言解説】

いくら聖人君子の体裁《ていさい》を整えようと、心から学び、臨機応変に有事に備えられるよう準備しておかねば「意味がない」と西郷さんは言われています。

学問はいかに知識をつけるか、テスト問題を解くテクニックを身につけるか、といったようなことではなく、どんな事態に際しても落ち着いて問題をとらえ、その解決法を考え出せるか、本質をとらえられるような知を身につけること。

武道も、剣や盾《たて》を十分に使いこなすというだけにとどまらず、対する相手をよく知り、その強さ、弱さを理解して戦う術《すべ》を知ること。そう指摘しているのです。

追加一——思慮は平素に練っておく

あらゆる事態にあたって、自分の思慮《しりょ》が乏《とぼ》しいということを思い悩んではならない。おおよそ思慮、考えることは日ごろの平常心で、座って静かに黙考《もっこう》できる時にしておくべきだ。そうすれば、何か起こった有事の際には、十のうち八、九は実行に移すことができるだろう。

不測の事態が起きて、とっさの際に考えつくようなことは、例えば、寝ている最中に夢の中で名案、妙案《みょうあん》を思いつくようなものだ。翌朝起きてみれば、まったく役に立たぬ妄想《もうそう》といった類《たぐ》いであることが多い。

【原文】

事に当《あた》り思慮《しりょ》の乏《とぼ》しきを憂《うれ》うること勿《なか》れ。凡《およそ》思慮は平生黙坐静思《へいぜいもくざせいし》の際に於《おい》てすべし。有事の時に至り、十に八九は履行《りこう》せらるるものなり。
事に当り率爾《そつじ》に思慮することは、譬《たと》えば臥床夢寐《がしょうむび》の中、奇策妙案《きさくみょうあん》を得るが如《ごと》きも、翌朝起床《きしょう》の時に至れば、無用の妄想に類《たぐい》すること多し。

【一言解説】

有事の際にあわてないよう、日ごろから常に備えをしておくべきだと西郷さんは言っています。またあわてて考え、思いついた対策などは結局役に立たない、とも。「備えあれば憂いなし」は防災対策の話だけではなく、すべての危機管理ということでも有効ではないでしょうか。緊急事態に何か考えて、よい対処を思いつくなどということは、まずありえないこと。
西郷さんは「まず備えよ」と言っているのです。

追加二――東洋思想や歴史に学ぶ意義

漢学（古代中国の学問、特に儒学）を学んだ者は、漢籍《かんせき》（中国の古い書物）をもって天の道、すなわち人として正しく生きる道を学んだのであり、決して無駄ではない。天の道は万物《ばんぶつ》自然の道理であって、古今東西の区別は関係ない。

今日の国際情勢について知りたいと思うのなら『春秋左氏伝《しゅんじゅうさしでん》』（中国・おそらく戦国時代の歴史注釈書）から熟読し、『孫子《そんし》』（中国・呉の兵法書）を参考にすればよい。

何千年も前のことであろうと、東洋と西洋の違いがあろうと、人間のやっていることは所詮《しょせん》、それほど変わりはない。他国と交渉し、渡り合うという国際交渉の本質を見抜く力と術《すべ》を学ぶべきであろう。

【原文】

漢学を成せる者は、弥漢籍《かんせき》に就《つい》て道を学《まなぶ》べし。道は天地自然の物、東西の別なし。

苟《いやしく》も当時万国対峙《ばんこくたいじ》の形勢を知らんと欲せば、春秋左氏伝《しゅんじゅうさしでん》を熟読し、助《たす》くに孫子《そんし》を以《もっ》てすべし。

当時の形勢と略《ほ》ぼ大差なかるべし。

【一言解説】

明治時代になり、時勢に乗って「西洋の学問を学ぶべきではないか」という若者の疑問に答えた一言です。「西洋かぶれ」の人々へ強烈な批判をしています。

先に紹介したように、西郷さんは西洋の思想や教育などに関心があり、よく勉強していましたが、それをひけらかさず、東洋の思想、儒教や日本の武士道に学べば、それが西洋東洋を問わず、「人として生きる」理念を会得《えとく》することにつながる、と主張しています。

現代になって、欧米の思想家たちが東洋の思想に学ぶという風潮《ふうちょう》が見られますが、西郷さんはずっと昔に言及《げんきゅう》し、両者に普遍的な価値を見いだし、実践していたことに驚きを感じます。

解説――時代を超えて響く珠玉の言葉

桑畑正樹（訳者）

●庶民に愛された人物像

西郷隆盛が明治維新の英雄というのは、常識と言っていいでしょうが、加えて、これほど同時代の庶民に愛されたヒーローは日本史上、あまりほかに例がありません。その銅像からして（上野に建てられたのが第一号）、着流しに草履《ぞうり》ばき、犬を連れているもので、ほかの明治の偉人たちのいかめしい姿の銅像とは一線を画しています。

そこで、本編の解説でも、おそれ多いことですが、呼称を「西郷さん」で通させていただきました。

西南戦争で「朝敵《ちょうてき》」「逆賊《ぎゃくぞく》（反逆者）」となったにもかかわらず、西郷人気は衰えることなく、かえって鹿児島の城山《しろやま》で亡くなった後も、錦絵《にしきえ》（時代の流行りを浮世絵版画で知らせた、今で言えば絵入り号外新聞、写真週刊誌の役割）に盛んに取り上げられ、民衆に支持されたのです。それらは、どれも西郷さんを正義のヒーローとして扱っており、当時の民衆から熱狂的にもてはやされました。

内村鑑三《うちむらかんぞう》の『代表的日本人』でも冒頭に挙げられており、また、後世の作家・三島《みしま》由紀夫《ゆきお》氏も遺稿《いこう》集に「銅像との対決―西郷隆盛」という一文を残しています。

「西郷さん、明治の政治家で今もなお『さん』づけで呼ばれている人は貴方《あなた》一人です。その時代に時めいた権力主義者たちは、同時代人からは畏敬《いけい》の目で見られたかもしれないが、後代の人たちから何らなつかしく敬慕《けいば》されることはありません。あなたは賊として死んだが、すべての日本人は、あなたをもっとも代表的な日本人と見ています。（中略）

あなたは涙を知っており、力を知っており、力の空しさを知っており、理想の脆《もろ》さを知っていました。それから責任とは何か、人の信にこたえるとは何か、ということを知っていました。知っていて行いました」

ところで、その西郷さんには一冊の著書もありません。

本書の原本『西郷南洲遺訓』は、そういう意味で西郷さんの思想や哲学を知る、唯《ゆい》一無二《いつむに》の貴重な本ということができるでしょう。

冒頭に成り立ちをご紹介した通り、『西郷南洲遺訓』は明治時代、南洲翁こと西郷隆盛の言行をまとめて編纂《へんさん》された一冊です。西郷さんの教えを胸に刻んだ庄内《しょうない》藩士らが書き残した「遺訓」なのです。本書ではそれを現代でも読みやすいように口語訳し、さらに、できるだけ分かりやすくするため一言解説を付しました。

私自身、改めて「遺訓」を読み返してみると、現代社会において西郷隆盛の言葉ほど「得がたい箴言《しんげん》」はほかにない、ということを再認識しました。ことに待望されるリーダー像に始まり、モラル低下への警鐘《けいしょう》、教育論や人格形成のさまざまな教えなど、西郷さんの残した言葉は名言・金言《きんげん》の宝庫と言ってもいいでしょう。

百四十年も前の西郷さんの言葉が、なぜこれほど多くの人に訴えかけるのか。そして時代を経た今も必要とされているのか。

政界において、あるいは官界や企業においても、今こそ「自分のことを度外視《どがいし》して、社会のために尽くし、人々のために働く」――そういった生き方のできる人物が求められているのではないでしょうか。

本書をお読みいただければ、西郷さんの語るリーダー像や人格形成論がいかに今日にも意味を持っているかが分かると思います。

●謎の男、西郷隆盛

西郷さんには多くの謎《なぞ》があります。

隆盛は、本来は父親の名で間違って届けられたものだったとか、本人の写真は一枚も残っていない――などの謎です。

しかし、その最大の謎は、征韓論と遣韓論をめぐる明治六年政変から西南戦争へつながる一連の流れです。

征韓論は明治政府が朝鮮に外交文書を送ったところ、それが朝鮮政府に受理を拒否されたことが発端です。明治六（一八七三）年、対朝鮮外交問題が取り上げられ、参議であった板垣退助《いたがきたいすけ》（土佐藩士、自由民権運動を主導した政治家）が閣議《かくぎ》において日本人保護を理由に派兵を主張、一方の西郷さんは派兵に反対して自身が全権大使として条約締結に赴《おもむ》くと主張しました。

後藤象二郎《ごとうしょうじろう》（土佐藩士、坂本龍馬《さかもとりょうま》と船中八策《せんちゅうはっさく》を実行、農商務大臣）や江藤新平《えとうしんぺい》（佐賀藩士、司法卿）、副島種臣《そえじまたねおみ》（佐賀藩士、外務卿）らもこれに賛成。一旦は政府として西郷隆盛を使節として派遣することを決定しましたが、秋に外遊から帰国した岩倉使節団の大久保利通《おおくぼとしみち》、岩倉具視《いわくらともみ》（公家、政府参与）らが時期尚早《しょうそう》として反対、遣韓中止が決定されました。結果、板垣らの征韓派は一斉に下野《げや》し、その後、佐賀の乱から西南戦争に至る不平士族の乱や自由民権運動の起点となりました。

西郷さんを陰謀の張本人とする「悪玉説」によれば、西郷さんがいかにも軍事行動、朝鮮派兵を起こそうと画策《かくさく》したように言われますが、史実として西郷さんは「おいが行って、話をつけてきもそ（自分が行って、交渉をまとめてきます）」と話しており、派兵は西郷さんの主張ではなかったと思われます。

のちに明治六年政変と呼ばれるこの事件を発端に西南戦争へとつながる流れで、肝心の西郷さんは言葉少なで、維新史の中でも大きなミステリーとなっています。

西郷さんの本心がどこにあって、どう考えていたか、謎に包まれているのですが、明治政府側から一方的に「濡《ぬ》れ衣《ぎぬ》」を着せられてしまったように思われてしまう点が多々あります。

当時からそういった見方はあり、勝海舟《かつかいしゅう》がそれを象徴的に表現しています。

「ぬれぎぬを　干そうともせず　子供らが
なすがまにまに　果てし君かな」
（濡れ衣を晴らそうともせず、弁明や弁解をせぬまま、子どもたちに西南戦争へ

担《かつ》ぎ出され、賊臣《ぞくしん》として死んでしまった大西郷よ、君が気の毒でならぬ）

西南戦争（一八七七年）で西郷さんが亡くなった後、「朝敵」というレッテルが貼られたにもかかわらず、勝は西郷さんを悼《いた》んで留魂碑《りゅうこんひ》や祠堂《しどう》を建て、この歌を詠んだのです。

明治六年政変についての研究が近年進んでいますが、政治的なクーデターという要素があり、「征韓論」はその大義名分に使われ、西郷さんへの批判意見は平たく言えば「言いがかり」のようなものだったことが指摘されています。それを勝は率直に「ぬれぎぬ」と言っているのです。

●ラストサムライの教え『西郷南洲遺訓』

明治二十二（一八八九）年二月、大日本帝国憲法が公布されたのを機に、剝奪《はくだつ》された官位が西郷さんに戻され、名誉回復されましたが、この機会に東京・上野公園に大西郷の銅像が建てられることになり、元庄内藩主・酒井忠篤《さかいただずみ》も発起人の一人となっています。

この際、すでに述べた通り、菅実秀《すげさねひで》らが中心になって、西郷さんの生前の言葉や教えを集めて遺訓を編纂、発行したのです。

新政府はこの事業を快く思わず妨害《ぼうがい》などもあったといいますが、旧庄内藩の人々はそれにもめげず、遺訓を全国に配布して回るということまでしているのです。さらに、今日でも庄内の人々は西郷さんを敬慕《けいぼ》し続け、山形県酒田市には南洲神社がつくられています。「荘内南洲会」という組織があって、今も「敬天愛人《けいてんあいじん》」をモットーとして『西郷南洲遺訓』の教えを広める活動を続けています。

『西郷南洲遺訓』は、原文はしごく短く簡潔なもので、加えて武士の教養、漢籍《かんせき》や儒学の常識が省かれて書かれていたりしますので、直訳すると、そっけない中身になったり、つながりが分からなくなったりしまいがちです。

今回、それらをできるだけ本文の味わいを損なわず、可能な限り思想的に片寄りのないようにリベラルな視点から解釈するように心がけました。

まだまだ西郷さんについて書いていけば、紙幅《しふく》はいくらあっても尽きません。

それでも本書によって、『西郷南洲遺訓』の精神が一人でも多くの方に知られ、理想的な日本人、ラストサムライとしての西郷像がより広く届けられたなら幸いです。

《参考文献》

西郷隆盛全集（大和書房）

西郷南洲翁遺訓　西郷南洲顕彰会（非売品）

西郷隆盛漢詩全集　西郷隆盛、松尾善弘（斯文堂）

西郷南洲遺訓―附手抄言志録及遺文　山田済斎（岩波書店）

大西郷遺訓―立雲頭山満先生講評　『大西郷遺訓』出版委員会（Ｋ＆Ｋプレス）

勝海舟と西郷隆盛　松浦玲（岩波書店）

西郷隆盛　田中惣五郎（吉川弘文館）

明治六年政変　毛利敏彦（中央公論社）

西郷隆盛　勝部真長（ＰＨＰ研究所）

海音寺潮五郎全集〈第11巻〉西郷隆盛　海音寺潮五郎（朝日新聞社）

翔ぶが如く　司馬遼太郎（文春文庫）

西郷隆盛「南洲翁遺訓」　猪飼隆明（角川学芸出版）
人生の王道　西郷南洲の教えに学ぶ　稲盛和夫（日経ＢＰ社）
「南洲翁遺訓」を読む　渡部昇一（致知出版社）
南洲翁遺訓の人間学　渡邉五郎三郎（致知出版社）
天を敬い人を愛す――西郷南洲・人と友　芳即正（高城書房）
薩摩の七傑　芳即正監修（高城書房）
龍馬を超えた男　小松帯刀　原口泉（グラフ社）
西郷隆盛　惜別譜　横田庄一郎（朔北社）
君は嘘つきだから、小説家にでもなればいい　浅田次郎（文藝春秋）
我に義あり　西南戦争勝利なき反乱　竹井博行（南日本新聞社）

〈訳者略歴〉

桑畑正樹（くわはた・まさき）
昭和42年、鹿児島市生まれ。一橋大学社会学部で社会科学・ジャーナリズムを専攻。
平成3年、南日本新聞社入社後、編集部、社会部、文化部記者など経て、22年から志布志支局長。
NPO日英友好協会理事。著書に『彦次郎少年の密航奇譚』（K&Kプレス）。

西郷南洲遺訓

平成二十四年十月十五日第一刷発行
令和六年二月十日第六刷発行

訳者 桑畑 正樹
発行者 藤尾 秀昭
発行所 致知出版社
〒150-0001東京都渋谷区神宮前四の二十四の九
TEL（〇三）三七九六―二一一一
印刷 ㈱ディグ 製本 難波製本
落丁・乱丁はお取替え致します。（検印廃止）

ISBN978-4-88474-978-1 C0095
ホームページ https://www.chichi.co.jp
Eメール books@chichi.co.jp